판교의 젊은 기획자들

판교의 젊은 기획자들
©이윤주

초판 1쇄 발행 2021년 4월 7일
초판 7쇄 발행 2023년 11월 7일

지은이 이윤주
펴낸이 박지혜

기획·편집 박지혜 | **마케팅** 윤해승, 윤두열
디자인 this-cover
제작 더블비

펴낸곳 ㈜멀리깊이
출판등록 2020년 6월 1일 제406-2020-000057호
주소 03990 서울특별시 마포구 월드컵로20길 41-7 1층
전자우편 murly@humancube.kr
편집 070-4234-3241 | **마케팅** 02-2039-9463 | **팩스** 02-2039-9460
인스타그램 @murly_books
페이스북 @murlybooks

ISBN 979-11-91439-01-4 13320

판교의 젊은 기획자들
존재하지 않던 시장을 만든 사람들

이윤주 지음

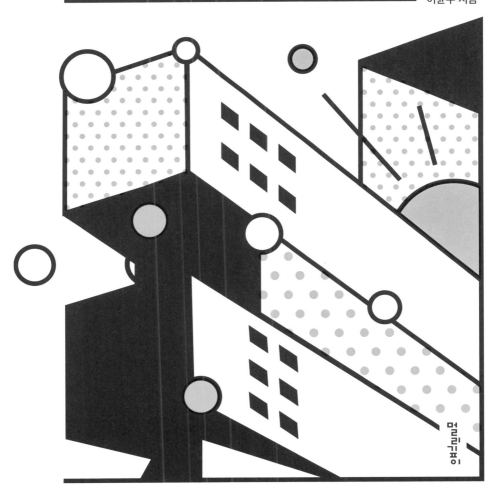

멀리깊이

새로운 시장을 찾는 사람들을 위하여

서비스나 상품을 제공하는 사람들만큼이나 소비자 역시 새로운 시장의 탄생을 기다립니다. 소비자 자신도 모르는 '소비자가 원하는 것'을 보여주는 혁신가만이 새로운 시장을 만들 수 있습니다. 모든 소비자는 전보다 편하고 재미있고 연결성이 높은 서비스가 나오기를 기다리다가 그것이 눈앞에 보이는 순간 열광합니다. 이 책은 판교라는 창조적인 곳에서 새로운 시장을 만들어가는 스타트업의 혁신 과정과 창업자들의 비전을 심도 있게 분석한 소중한 경영서입니다. 이 책을 통해 시장을 선도하는 지혜를 얻기 바랍니다.

—한인구 (KAIST 경영대학 교수)

판교로 대표되는 대한민국 IT스타트업의 성공을 이야기할 때, 사람들은 가장 먼저 대담한 도전을 통해 혁신을 일구어낸 '창업자들'을 떠올린다. 그들이 실제 크나큰 사업 실패의 리스크를 감당하고, 회사의 중심이 되어 성공 스토리를 써왔다는 점에서 이 같은 인식이 무리는 아닐 것이다. 하지만 아무리 뛰어난 창업자라고 할지라도 혼자서는 사업을 이끌 수 없다. 창업자에게는 그들이 가진 원대한 비전과 미션을 실제 사업으로 만들어낼 수 있는 동료가 필요하다. 필자는 이렇게 판교의 꿈을 현실로 만드는 실행자들을 '미션 드라이버(Mission Driver)'라고 명명한다. 이것이 바로 넓은 의미에서의 '판교의 젊은 기획자들'이다. 익히 알려진 창업자들의 성공스토리와는 다르게, 낡은 시장의 문제점을 찾아내고 새로운 시장의 기회를 찾는 기획자들의 '새로운 이야기'를 듣고 싶은 분들에게 이 책을 적극적으로 추천한다.

—임홍택 (《90년생이 온다》《관종의 조건》 저자, 전빨련(전국빨간차연합회) 회장)

앞으로의 IT 비즈니스에서는 모두가 기획자여야 합니다. 어떤 위치에 있건 시장에 대한 각자의 의견을 확고히 가지고 이를 증명해내기 위해 끊임없이 노력하는 사람들만이 시장에서 선택받을 수 있겠지요. 이 책은 IT업계에 다년간 종사하며 수차례 새로운 시장을 담대히 개척해본 저자가 자신만의 가설들을 입증하기 위해 노력하면서 터득한 노하우를 소개합니다. 이 책을 읽고 여러분들의 심장을 뛰게 하는 새로운 시장의 인사이트를 받아가시길 바랍니다.

　　　　　　　　　　　　　－천인우 (뱅크샐러드 데이터파운데이션 그룹 리더)

　저만 그렇던가요? 기획하라는데 뭘 기획하라는 거고, 어떻게 기획하라는 건지, 막막하고 답답할 때가 많습니다. '끝없이 공부해야 한다.'라는 말을 듣지만, 그 역시도 뭘 어떻게 공부하라는 건지 알기는 쉽지 않습니다. 그러니 어쩔 수 있나요, 소위 '맨땅에 헤딩' 할 수밖에요. 이 책은 더 좋은 기획을 하고 싶어서 10년간 치열하게 이어온 헤딩의 기록입니다. 스마트러닝, 핀테크, 블록체인, AI… 어쩐 일인지 이 바닥에서 제일 딱딱한 땅만 골라 헤딩해온 윤주 님의 노트를 살짝 훔쳐보고, 우리는 조금만 헤딩 하기로 해요.

　　　　　　　　　　　　　－김홍익 (안전가옥 대표, '이바닥늬우스' 운영자)

　기술은 새로운 제품이나 서비스가 탄생하는 데 필요조건이지만, 기술 그 자체를 소비자에게 소개할 수는 없습니다. 그래서 시장에 대한 꿈과 상상력을 가진 기획자들이 필요합니다. 이 책은 판교에서 시장을 일군 기획자들에 대한 이야기입니다. 소비자가 스스로 원하는지조차 인지하지 못했던 새로운 시장을 구현해내는 과정을 지켜보며, 우리가 가진 기술 역량을 어떻게 시장으로 변화시킬 수 있을지 실마리를 얻을 수 있습니다. 이 책은 발전하는 기술로 '사람의 행복'이라는 목적과 사명을 이루고자 하는, 그 기획의 변천사를 다룹니다. 새로운 시장을 꿈꾸는 스타터들에게 추천하고 싶습니다.

—이보경 (현 네이버 헬스케어 연구소 수석,전 네이버 D2 Startup Factory 기술심사역)

판교, 아이디어가
시장이 되는 곳

> 세상은 해를 거듭하며 조금씩 조금씩 나아진다. 모든
> 면에서 해마다 나아지는 게 아니라, 대체로 그렇다. 더
> 러는 거대한 도전에 직면하지만, 이제까지 놀라운 진전
> 을 이루었다. 이것이 이 사실에 근거한 세계관이다.
>
> ─《팩트풀니스》[1] 중에서

　　최근 '판교'라는 지역이 연상시키는 이미지는 매
우 명료합니다. IT신기술, IT밸리, 고가의 부동산, 젊은 부자들.
사실 IT업체들은 강남, 여의도 등 다양한 지역에 분포되어 있
지만 대다수의 사람에게 IT회사가 어디에 많냐고 물으면 '판교'
를 언급할 확률이 높습니다. 네이버, 카카오 등 국내 대표 서비
스플랫폼들의 본거지, 배틀그라운드를 개발한 블루홀과 같은
유니콘 기업이 성장하는 지역 판교. 미국에 실리콘밸리가 있다
면, 한국에는 '판교 밸리'가 있다는 말도 있습니다.

　　소위 기술밖에 모르는 IT전문가들과 너드(Nerd)라 희화되던

1　한스 로슬링 지음, 이창신 옮김, 김영사, 2019, p.27

기술자들이 미국의 실리콘밸리를 만들었다면, 네이버·다음 등 대한민국 IT 1세대를 이끈 기업인들이, 그리고 그 기업에서 성장한 젊은 임직원들이 지금의 판교 밸리를 만들어가고 있습니다. 판교에서 일어나는 일들은 왠지 새롭고, 무엇인가 신경 쓰이고, 그 변화를 관망하며 멍 하니 있어서는 안 될 것 같은 불안함을 느끼게 만듭니다. 그만큼 우리 생활의 변화를 이끌어내고 있는 곳이기도 합니다.

제가 처음 IT업계에 뛰어들기로 결심한 것은 대학 시절, 이북(E-book)을 봤을 때였습니다. 해리 포터 시리즈와 같은 판타지 영화에서나 볼 수 있었던, 움직이는 책이 실제로도 가능하다니! 직장생활을 시작한 2011년 무렵은 이제 막 스마트폰이 보급되어 시장이 형성되던 시기였습니다. 태블릿PC도 마찬가지였지요.

전공은 문예창작이었고, 복수전공은 불어불문이었기에 IT 기술과는 거리가 멀었지만 스마트폰이 보여준 상상력에 매료되어 IT업계에서 사회생활을 시작했습니다. 처음에는 이북을 만들고 싶어서 교육 분야로 뛰어들었고, 카카오가 보여준 플랫폼의 가능성에 반한 후에는 핀테크, 블록체인, 바이오AI로 어떻게 보면 맥락 없이 이종 산업을 넘나들었습니다. 운이 좋게도 새롭게 열리는 시장들은 항상 매력적이었지만 특히나, 처음 카카오페이 서비스를 오픈했을 때의 경험은 각별합니다. 출근길 만원 지하철에서 우연히 카카오페이를 사용하는 사람을 처음 보았을 때 느낀 그 짜릿한 기분은 아직도 잊을 수가 없습니다. 내가 상상했던 모습으로 정말로 사람들이 내가 참여한 서비스를 이용한다니! 어릴 적부터 좋아했던 문학이나 영화 콘텐츠가 사람들로부터 정서적 변화를 이끌어냈다면, 기술 기반의 IT서비스들은 그 자체로 사람들의 삶을 바꾸고 있었습니다.

보통의 사람들은 어느 날 갑자기 새로운 시장이 나타났다고 생각하겠지만 이것들은 이미 오랫동안 낡은 시장을 관찰하며 조금씩 틈을 찾아 세력을 확장해온 사람들이 만든 시장일 확률이 높습니다. 그리고 우리 삶을 획기적으로 변화시킨 '새로운 시장'은 지극히 평화롭고 영원히 지속될 것 같던 낡은 시장을 서서히 전복하다가 어느 날 갑자기 시장 전체를 완전히 파괴하며 등장하는 경우가 많습니다.

90년대 이후 강력했던 대기업들이 몰락하고, 어디선가 갑작스레 신생 기업들이 등장하자 이에 대한 경영학계의 연구도 활발해졌습니다. 왜 더 많은 이점을 가지고 있던 주류 기업이 새롭게 등장한 작은 기업들에 밀려나게 되었는지에 대해서 말이지요. 결론은 매우 단순하게 설명할 수 있습니다. 주류 기업은 이미 확보한 평화롭고 안정적인 시장에 만족하고 있기에, '낡은 시장'의 징조를 무시하기 쉽습니다. 그러는 사이 신생 기업은 서서히 거대 기업의 약점을 파고들며 낡은 시장을 새로운 시장으로 전환하기 시작하고, 이 신생 기업이 이후에 설명할 '캐즘의 골(거대한 지각 변동으로 인한 극단적 단절)'을 극복하고 대중

시장으로 진입할 때 바로 완벽하게 새로운 시장이 탄생하는 것이지요.

판교와 그 주변에서 보낸 저의 지난 10년은 자연스럽게 이 거대한 시장 변화의 가장 최신 버전을 보여줍니다.

• 첫 번째 프로젝트(2011~2012)

"어떻게 하면 디지털로 노트 필기를 대체할 수 있을까?"

→ 모바일 유틸리티 서비스

• 두 번째 프로젝트(2012~2014)

"어떻게 하면 교육을 혁신할 수 있을까?"

→ 스마트러닝

• 세 번째 프로젝트(2014~2017)

"어떻게 하면 일상적인 금융생활을 더 편리하게 만들 수 있을까?"

→ 핀테크

• 네 번째 프로젝트(2017~2019)

"어떻게 하면 내 데이터를 정말 내 것으로 만들 수 있을까?"

→ 블록체인

• 다섯 번째 프로젝트(2019~)

"어떻게 하면 더 건강하게 오래 사는 데 도움이 될 수 있을까?"

→ 바이오AI

누군가 왜 그때 그곳으로 갔냐고 물으면, 딱히 논리적으로 설명하기는 어렵습니다. 그저 '어디선가는 그런 아이디어를 구현하고 있었고, 그 일이 실현되었을 때를 상상하면 흥미로웠다.'라는, IT업계에 어울리지 않는 지극히 문과적이고 몽상가적인 대답을 할 수밖에 없습니다.

그렇게 뛰어들었던 시장은 그야말로 '해본 사람이 없는', '선배가 없는', 그래서 '알아서들 만들어 나가야 하는' 야생과 같았습니다. 대개는 전혀 무관하던 두 영역이 만나 생성된 시장이었기에, 뭔가 아는 사람이 있다고 해도 극히 일부만 경험했을 뿐이었지요. 만약 비슷하게 새로운 시장을 개척해본 사람들이 있다고 해도, 이러한 상황에 활용할 수 있는 사업적 방법론에 한정된 경험일 뿐 도메인(사업 분야)에 대한 지식은 없었습니다. 그들조차 자신의 방법론을 도메인에 접목하기 위해서는 여러 가지 방법을 시도해보아야 했지요. 이런 상황에서 택할 수 있는 방법이란, 팀이 함께 등을 맞대고 사방의 환경과 변화를 예의주시하며 길을 만들어 나가는 것뿐입니다. 누구도 가본 적이 없기에 앞장서기 어렵고, 그래서 각자의 아이디어를 모으고 발전시켜가며 앞으로 나아가는 것 말입니다.

보통은 IT업계에서 일한다고 하면 기획자, 개발자, 디자이너 등의 직군으로 구분해 직무를 정의합니다. 그러나 이 중 '기획자'는 미국과 같은 IT선진국에는 존재하지 않는, 한국 IT업계에만 존재하는 직무이기에 업계 내에서도 꾸준히 논란이 있어

왔습니다. 저도 '서비스사업기획'이라는 직군으로 일해오기는 했지만, 누군가 어떤 일들을 했는지 물어보면 어떻게 설명해야 할지 고민이 되곤 했습니다. 저는 그저 '프로젝트가 성공하게끔 만드는 데 필요한 일들'을 하긴 했지만, 해당 서비스나 사업을 직접, 혼자 기획했다고 말하기에는 뭔가 정직하지 않다고 느꼈기 때문입니다. 모두의 지식을 바탕으로, 모두의 아이디어를 취합하고 선별해 일을 진행했던 게 사실이니까요. 대다수의 IT회사들에서는 최근 이러한 점에 공감하고 기획자라는 구분보다는 'PM(Project Manager)', 또는 'PO(Project Owner)'라는 용어를 많이 사용합니다.

그렇다면 이런 상황에서, '기획'은 누구의 몫이 되는 것일까요? 바로 프로젝트에 참여하는 모든 이들입니다. PM이나 PO뿐 아니라 개발자, 디자이너, QA(품질관리), CS(고객대응) 담당자 등 해당 프로젝트에 참여하는 모든 사람이 각자의 위치에서 기획에 참여해야 합니다. 그리고 프로젝트 구성원 모두가 기획 마인드를 가지고 일을 성공으로 이끌고자 할 때 신기하게도 새로운 아이디어와 방법론들이 문제 해결의 길을 열어주곤 합니다. 새로운 시장에서는 누구나가, 본인의 전문 영역을 주무기로 장착하고 기획적인 감각을 겸비하여 함께 싸울 수밖에 없습니다. 그렇기 때문에 PM과 PO와 같이 기획적 배경이 있는 사람은 물론이고, 개발자나 디자이너, 생명과학 등 특정 분야의 전문가들도 통합적인 시각으로 프로젝트 팀원 모두를 살피며

올바른 방향으로 나아갈 수 있도록 독려하는 기획자가 될 수 있는 것입니다.

IT업계에는 선구안을 가지고, 크나큰 리스크를 짊어지며 여러 문제를 극복하는 담대하고 멋진 창업자들이 많습니다. 창업자들은 말 그대로 '새로운 시장을 그리는 시장 기획자'와 같습니다. 그리고 그들에게는 그 비전을 실행할 수 있는 사람들이 필요합니다. 어떻게 보면 낙관적이고 구체화되지 않은 그들의 비전을 실현하기 위해 시장을 선명하게 파악하고, 현재의 상황에서 가능한 방법을 빠르게 찾아가는 젊은 기획자들, 말하자면 창업자들이 그린 '새로운 시장'의 청사진 위를 달리며 이를 현실로 구현해가는 '미션 드라이버(Mission Driver)'들 말입니다. 창업자는 아니지만 조직 내에서 특정 프로젝트를 맡아서 끌고 나갈 수 있을 만큼 주도성이 강한 실무자라고 하면 이해가 될까요? 흔히 IT업계에서 이야기하는 기획자와는 조금 다르지만, 이들은 창업자가 그리는 새로운 시장의 비전을 이해하고 이를 실체화함으로써 현존하게 만들고자 하는 사람이라는 점에서 좀더 넓은 의미의 '기획자'라 부를 수 있을 듯합니다.

모든 새로운 시장에는 이러한 사람들이 필요하겠지만, 아직 그들의 이야기가 다루어진 적은 없는 것 같습니다. 저를 비롯해 IT업계에서 열정적으로 일하고 있는 사람들이라면 공감할 수 있을 만한, 그리고 이런 일들을 궁금해하는 분들에게 지극히 평범하지만 여러 번 새로운 시장을 경험한 한 사람으로서 지난 10년의 이야기를 나누고 싶습니다.

일에 있어 저를 움직이는 동기는 '상상력'입니다. 당장 내년을 알 순 없지만, 여러 가지 상상이 가능하고, 또 그것이 빠르게 실현되는 것들을 경험해볼 수 있는 환경에서 더 즐겁고 힘차게 일할 수 있습니다. 그래서 더 새로운 시장에 관심을 두고 있고, 더불어 '낡은 시장'에서 느끼는 불안감도 큽니다. 앞으로 살아가며 일해야 할 날이 최소 20~30년이라면, 그 사이에도 세상은 계속해서 변화할 것이고 그렇다면 우리는 적게는 몇 번, 많게는 수십 번 새로운 시장을 맞이해야 할 것입니다. 그렇기 때문에 그 새로운 시장들의 초입에서 미래에 호기심을 가지고 무엇인가 필요한 일을 하는 사람이 되는 것, 이것을 직업적 정체성으로 가져가보고자 합니다.

지난 해 〈스타트업〉이라는 드라마가 방영되어 인기를 끌었던 것만 봐도, IT기술을 활용해 낡은 시장을 새로운 시장으로 바꾸는 이야기가 대중에 얼마나 익숙한 상황이 되었는지를 알 수 있습니다. 그만큼 앞으로는 더 다양한 분야에서, 더 빠르게 반복적으로 시장이 변할 것이라는 점은 부인할 수 없는 사실입니다.

이 책은 낡은 시장을 '아무 문제가 없는 시장'으로 정의합니다. 낡은 시장이란, 우리 주변에 흔하게 존재하는 조금 불편하고, 약간 이상하지만 왠지 평화롭고 안정적인 그런 시장입니다. 낡은 시장과 새로운 시장의 그 애매하고도 알 수 없는 경계에서, 어떻게 낡은 시장의 징후를 포착하고 새로운 시장으로 나아갈 수 있을지, 그 과정에서 고민해야 하는 것들은 무엇이며 어떻게 하면 장애를 극복하고 앞으로 나아갈 수 있을지, 고민하고 정리하는 차원에서 이 책을 시작했습니다. 앞으로 10년 또 다른 시장을 꿈꾸며 살아갈 저에게, 그리고 새로운 시장과 기획에 관심을 둔 있는 모든 분들에게 쉽고 편안하게 생각의 문을 열도록 돕는 책이 되기를 바라봅니다.

> 일과 삶의 선택은 대단한 것이 아니라, 그저… 선택일 뿐이다. 당신이 진로를 결정할 때마다 그 결정에는 사회적이고 경제적이며 감정적인 결과가 따른다. 그 결과가 가치관, 즉 당신의 가치관과 맞아떨어지면 된다. 그 밖의 모든 것은 시끄러운 잡음이며 헛소리에 불과하다.
>
> —《잭 웰치의 마지막 강의》[2] 중에서

  2 잭 웰치·수지 웰치 지음, 강주헌 옮김, 알프레드, 2015, p.287

차례

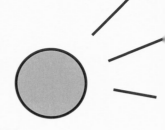

2장. 시장은 욕망을 끄집어내는 데서 시작해야 한다

세상이 우리의 참신한 신사업을 받아들이지 못하는 이유

옳은 관찰이란, 근원적인 질문에 대답하는 과정

새로운 시장을 더욱 그럴 듯하게 만드는 '기획자의 눈'

만족스러운 서비스를 만드는 조건

3장. 우리가 낡은 시장의 함정에 빠지는 이유

4장. 새로운 시장의 탄생 조건

5장. 판교의 젊은 기획자들

1장

판교 1열에서 바라본
새로운 시장의 법칙

새로운 기술은 새로운 시장을 형성한다
: 모바일 유틸리티

어떻게 종이는
패드로 대체되었나

2000년대 초반, 인텔 전 사장 앤디 그로브Andy S. Grove는 '전략적 변곡점(Strategic Infection Point)'이라는 이론을 발표했습니다. 기술이 열 배 성장함에 따라 새로운 패러다임으로 변화하게 되고, 이에 대한 대응 방식이 기업의 성공을 좌우한다는 이론입니다. 예를 들어 특정 기술이 매년 일정 수준으로 성장하게 되면, 수치적으로 봤을 때 10년 후에는 새로운 패러다임, 즉 새로운 시장이 도래하며 이때 변화를 받아들이고 적절하게 대응해야 지속적인 성장을 이룰 수 있다는 뜻입니다.

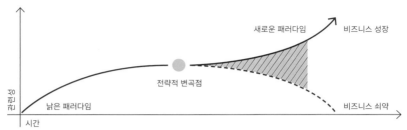

그림 1 기술이 10x(10배)로 변화할 때 전략적 변곡점을 만나게 되며, 변곡점에 대한 대응이 기업의 흥망성쇠를 좌우한다.

단순히 1년에 1만큼의 기술이 성장한다고 가정하면 10년 후면 10만큼 기술성장이 이루어지고, 앤디 그로브가 말한 전략적 변곡점이 도래하게 됩니다. 그러나 최근에는 애플, 구글, 삼성 등 시장을 선도하는 기술 기업들만 하더라도 많게는 연간 1회, 적게는 연간 3~4회 개선된 기술을 발표하고 있습니다. 스마트폰, TV 등의 가전제품과 자동차 등의 이동수단도 매년 1~2회 향상된 기술을 반영한 신제품이 시장에 출시됩니다.

지금으로부터 약 10년 전, IT업계에서 제가 처음 맡게 된 프로젝트는 작은 스타트업에서 모바일 노트 서비스를 구축하는 일이었습니다. 요즘은 노트북, 스마트폰, 태블릿PC에서 항상 동기화되는 에버노트, 구글드라이브, 아이클라우드 같은 개념이 익숙하지만 당시에는 그다지 서비스가 많지 않았습니다. IT업계에 종사하거나 기술에 밝은 사람들은 PC 기반으로 여러 기기에서 노트를 동기화해서 사용 가능했던 '에버노트'를 일찍부터 사용해오긴 했지만 일반인들에게는 낯선 개념이었습니다. 당시는 이제 막 시장에 스마트폰과 태블릿PC가 보급되던 시기였기에, 앞으로 최소 10~20년간 지속될 이 모바일 하드웨어에서 할 수 있는 일이 무엇일까 고민한 후 뛰어들었습니다. IT기술을 잘 모르는 일반인들도 쉽고 편하게 사용할 수 있는 서비스를 만들자며, 매체가 바뀔 뿐 본질 자체는 변하지 않는 행위인 필기와 메모에 도전하기로 했습니다.

당시에도 이미 컴퓨터와 노트북을 이용해 종이노트 대신 기록이 가능한 문서·노트 서비스를 사용하는 20~30대들이 많기는 했습니다만, 대중적이지는 않았습니다. 그들 중 다수가 IT업계에 종사하고 있거나, 신기술 제품에 관심이 많은 사람들이었습니다. 대중은 여전히 노트나 다이어리에 볼펜이나 연필로 기록하는 것을 선호했지만, 앞으로는 무엇인가 달라질 것이라는 기대감 역시 컸습니다.

사실 당시 오픈한 노트 서비스는 그리 환영받지 못했습니다. 작은 스마트폰으로 타이핑을 하는 게 그리 편하지 않았고 그보다, 당시 기술적 한계로 인해 '기록'이라는 행위를 하는 이유를 충족시키지 못한 탓이 가장 컸습니다. 당시 모바일 노트를 기획하는 데 있어 어려운 점은 여러 활용 행태를 포괄하는 서비스 정책을 잡는 일이었습니다. 예를 들면, 분량은 어느 정도까지가 적당할지, 주요 사용 수단은 모바일과 PC 중 어떤 것이 될지, 사용하는 사람들은 간단한 메모를 주로 할지, 긴 기록을 주로 남길지 등이 매우 중요한 요소였습니다. 하지만 이제 막 스마트폰이 보급된 당시에는 이런 사용자 정보를 알기 어려웠습니다. 서비스를 오픈하고 실제 데이터를 기반으로 분석해보니 사용 행태는 매우 다양했고 '노트'라는 서비스 특성상 특정한 사용에 특화하기보다는 전반적으로 사용하기에 아쉬움이 크지 않은 정도로 서비스 스펙을 정하게 되었습니다. 노력은 했지만, 그럼에도 불구하고 아쉬운 지점이 많았습니다.

기록을 하는 이유는 다양하고, 상황마다 편한 방법이 조금씩 다를 수 있습니다. 공적으로 타인과 공유해야 하는 기록물은 무엇보다 정확하고 깔끔하게 작성하는 게 중요하고, 나만 보면 되는 일기나 아이디어 스케치, 메모는 더 자유롭게 내가 편한 방식으로 할 수 있어야 합니다. 어떤 사람은 펜으로 쓰는 것을 좋아할 수도 있고, 어떤 사람은 키보드로 타이핑하는 것을 더 좋아할 테니까요.

종이만큼 구현할 수 있어야
종이를 이길 수 있다

그 당시에는 작은 스마트폰의 터치키보드로 바쁘게 손가락을 놀려야 했지만, 이제는 터치펜으로 그림도 그리고 필기를 함에도 전혀 어려움이 없게 되었습니다. 10년 전에 그토록 바라던 모습들이 도처에서 아무렇지도 않게 구현되고

그림 2 2021년 직장인들이 태블릿PC를 활용해 필기하는 법

있습니다.

10년 전만 해도 종이에 필기하는 것과 유사한 필기감을 제공할 수 있는 기술이 없었습니다. 투박하게 터치를 하고 직선을 긋는 정도였는데 그마저도 속도가 느려 실제 손의 속도를 기기가 따라오지 못했습니다. 이미 손이 지나간 후 몇 초의 간격을 두고 직선이 나타나곤 했죠. 또 텍스트만 입력한다고 해도 당시의 하드웨어 사양으로는 한글 기준 1,000자 이상 긴 문서를 소화하지 못해 애플리케이션이 종료되거나 하는 일도 흔했습니다. 그러다 보니 이미지를 자유롭게 넣고 빠르게 저장하거나 불러오는 일도 꿈만 같은 일이었죠. 그러나 그 후 10년, 기술은 발전했고 당시에는 불가능했던 많은 것들이 가능해졌습니다.

요즘 대학가에서는 노트나 필기구 대신 태블릿PC나 노트북

29

을 지참하고 수업에 간다고 합니다. 과제도 하고, 교수님이 주신 자료도 보고, 또 필요할 경우 시험 공부를 위한 필기도 가능하니까요. 이런 현상에는 IT기기를 어린 시절부터 접하며 성장한 MZ세대의 성격적 특성도 영향을 미친다고 볼 수 있겠으나, 이러한 행위를 할 만큼 모바일 기기(하드웨어)의 성능이 좋아졌다는 점이 무엇보다 중요한 요인 중 하나일 것입니다.

실제로 최근 출시된 스마트폰이나 태블릿PC에서 제공하는 필기 기능을 사용해보면, 종이 위에 펜이나 연필로 필기하는 것과 거의 비슷하다는 것을 느낄 수 있습니다. 오히려 펜 하나로도 다양한 색상, 질감을 표현할 수 있고, 기기 하나만 있으면 수천 장이 넘는 기록도 남길 수 있어 훨씬 편리합니다. 2021년에는 스마트폰과 태블릿PC를 이용한 필기 기능, 그리고 온라인에 보관할 수 있는 클라우드 기능을 기반으로 기록을 대체하고 있지만 언젠가는 이마저도 번거롭고 불편한 행위가 될지도 모릅니다. 실제로 전기자동차 테슬라로 유명한 일론 머스크Elon Musk는 컴퓨터와 두뇌를 연결하는 '뉴럴링크'라는 새로운 개념을 발표하기도 했습니다. 컴퓨터와 두뇌를 연결하면, 우리가 손이나 발 등 신체를 이용해 행위를 할 필요가 없이 생각만으로도 기기에게 작동 지시를 내릴 수 있게 됩니다. 굳이 타이핑을 하거나 필기할 필요 없이요.

신기술 하이프 사이클 2020

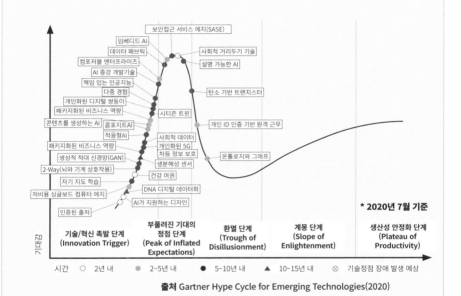

출처 Gartner Hype Cycle for Emerging Technologies(2020)

그림 3 신기술 하이프 사이클 2020

매년 가트너[3]는 '신기술 하이프 사이클 Hype Cycle for Technologies'이라는 기술트렌드를 발표합니다. 우리의 일상을 가장 크게 바꿀 수 있는 임팩트 있는 기술의 현 상황을 보여주는 것이지요. 당장 1~2년 내 자연스럽게 일상에 스며들 기술들과, 실제 활용되려면 10년 이상 소요될 것으로 예상되는 기술 등 다양한 기술들을 활용도 측면에서 설명해줍니다.

3   가트너 주식회사(Gartner, Inc.)는 미국의 정보 기술 연구 및 자문 회사로, 매년 신기술 기반 비즈니스 환경에 대한 전략 예측 보고서를 제시한다. 가트너 보고서의 시장 신뢰도는 매우 높은 편으로, 대다수 선도 기업에서 가트너 리포트를 사업전략 수립 및 기획 과정에서 활용한다.

이 보고서가 중요한 이유는, 기술을 실제로 활용하기 위해서는 해당 기술이 어느 정도 성숙했는지를 파악하는 일도 매우 중요하기 때문입니다. 사람의 상상력이나 이야기 속에서는 그어떤 기술도 구현될 수 있습니다. 그러나 현실에서 실제로 작동하는 기술적 성숙을 이루는 것은 또 다른 이야기지요.

아무리 관성이 강해도,
바뀔 시장은 바뀌고야 만다
: 스마트러닝

군대보다 보수적인
교육 시장을 바꾼 코로나19

2012년 즈음, 제가 근무하던 교육회사에서는 종이책 기반보다 태블릿PC를 활용한 교육 방법을 고민했습니다. 종이책의 장점은 분명했지만 맞춤형이 중요한 교육에 있어서는 한계점도 많았습니다. 아이들의 이해 수준이 달라도 1:1 교육이 아닌 이상 동일한 교재로 교육할 수밖에 없었고, 다양한 체험적 경험을 하는 데도 한계가 있었습니다.

그리하여 스마트러닝 사업을 추진하고자 했지만, 보수적이고 복잡한 교육업계를 파고들기란 참 어려운 일이었습니다. 무엇보다 1차고객(구매 고객)과 2차고객(사용 고객)이 다르다는 점이 문제였습니다. 교육 상품에 있어서 상품을 직접 사용하는 이들은 유아동이라 할 수 있지만, 실제 구매결정을 하는 고객은 가정 학습에서는 학부모, 학교 학습에서는 교직원일 수밖에 없습니다. 학습 콘텐츠는 유아동의 눈높이에 맞게 매력적으로 구성해야 하지만, 이것들을 포장하는 데 있어서는 학부모와 교직원들의 눈높이에서, 그들의 의사결정 기준을 고려해야 했습니다. 학부모와 교사의 관점에서 보았을 때, 스마트러닝은 아이 혼자서도 자기주도 학습을 할 수 있다는 장점을 지닌 반면, 디지털 중독이라는 치명적 단점을 지니고 있었습니다. 이 상반된 지점을 보완하는 키워드를 정하는 일도 매우 중요했지요.

그 당시에도 해외에서는 컴퓨터 등 신기술 기반의 매체를 활용한 스마트러닝에 관심이 많았고, 실제로 연구 단계이기는 했지만 여러 발표들도 있었습니다. 예를 들면, 언어나 수학과 같이 단계별 학습이 중요한 경우 학생 각각의 수준에 맞춰 학습을 진행할 수 있게 하는 스마트러닝 방식이 효과적이라거나, 습관의 변화가 필요한 절약, 환경보호, 이웃사랑과 같은 정서적 교육의 영역에서는 공감력을 높이는 VR을 활용한 교육이 효과적이라거나 하는 사실들 말입니다.

그럼에도 불구하고 정부의 정책과 맞물려야 하는 교육 분야의 특성상 시장을 바꾸기는 어려웠습니다. 특히나 먼저 공부한 선생님이 나중에 공부하는 학생을 '가르친다'는 교육의 프레임을 생각해보면, 선생님이 새로운 방식을 받아들이고 시도하기 전에 학생으로부터 변화가 만들어지기를 기대하기란 어려웠습니다. 또 선생님의 입장에서는, 옳다고 믿는 내용을 학생에게 전달하는 것을 중요한 직업적 목표로 삼기 때문에 좋은지 나쁜지를 판단하기도 전에 낯선 것을 받아들이고 전파하는 것에 정서적 저항을 느끼는 것은 당연했습니다.

이 때문에 교육 시장은 제가 스마트러닝 분야에서 일했던 약 8년여 전의 교육 풍경과 거의 유사한 상태로 현재까지 유지되어 왔습니다. 2020년 2월, 코로나가 발생하기 전까지는요. 코로나로 강제 셧다운이 진행되자, 어쩔 수 없이 스마트러닝을 채택할 수밖에 없는 상황이 되었습니다. 아직은 최소한의 기능들을 활용하고 있지만 선생님과 학생들이 여러 방식에 노출되고 익숙해지면, 자연스럽게 더 다양한 매체를 풍성하게 활용하는 교육으로 이어질 수 있을 것입니다.

캐즘의 골을 뛰어넘을 수 있는가

낡은 시장을 밀어낼 새로운 기술이 등장했을 때, 받아들이는 이의 성향에 따라 반응은 달라집니다. 이를 경영학은 캐즘(Chasm)으로 설명하지요. 캐즘은 원래 지질학 용어로, 지각변동으로 인해 골이 깊고 넓어지면서 지각이 단절되는 것을 의미합니다. 비즈니스에서는 신상품, 신기술이 혁신자, 선각자에 의한 수용을 넘어서 대중이라는 실용주의자로 전파되지 못하고 정체, 후퇴되는 단절 현상을 일컫기도 합니다. 그럼에도 많은 신시장 개척자들이 캐즘의 벽을 넘지 못하고 좌초되거나, 또는 내외부의 도움으로 캐즘을 극복하고 성공을 이루어왔습니다. 낡은 시장이 새로운 시장으로 바뀌는 일은 바로 이 캐즘의 골을 어떻게 극복할 것이냐에 달려 있기도 합니다.

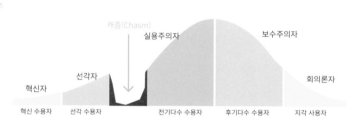

출처 Technology Adoption Life Cycle "The Chasm", Moore, 1991
그림 4 캐즘 이론 기술수용 주기 모형

2010년대 들어 모바일기기의 보편화로 많은 부분이 디지털화되었다고는 하나 '교육, 의료, 노동, 정치' 등 삶의 중요한 부분을 차지하며 개인보다는 관리 집단에 의해 통제되는 성격의 영역들은 아직도 80~90년대와 크게 다르지 않은 방식으로 지속되고 있었습니다. 신기술을 활용한 다양한 사업적 시도들이 있었으나, 이른바 '규제산업군'에 속하는 이러한 영역은 '의사결정자들'이라는 캐즘의 골을 극복하지 못하고 정체되어 있었던 것이지요.

2020년 코로나19로 인해 대한민국은 큰 변화를 경험했습니다. 이전에도 세상은 매년 조금씩 더 똑똑해지고, 그로 인해 생활 방식들이 조금씩 바뀌고는 있었지만 이렇게 전 세계적으로, 모든 생활의 영역에서 동시에 변화가 일어나는 일은 많지 않았습니다. 이 급격한 변화의 순간에도 사람들은 적응하고, 또 새로운 삶의 양식들을 만들어내고 있습니다.

이렇듯 '캐즘의 골'은, 코로나 바이러스와 같은 외부 세계의 변화나 충격으로 해결되기도 합니다. 하지만 이런 경우는 매우 드뭅니다. 내가 원하는 일을 할 수 있도록 세상이 움직여주는 경우는 거의 없고, 또 개인의 노력만으로 세상을 바꿀 수도 없으니까요. 그러나 내가 속한 시장의 캐즘의 골이 무엇인지 알아내고, 이를 단계적으로 채워 나가는 과정을 통해, 많은 사업이 성공해왔습니다.

낡은 시장은 지금 이 순간에도 바뀌고 있습니다. 아무리 현재의 평화로움을 유지하려 노력한다고 해도, 모든 것은 언젠가 변하고야 맙니다. 그 변화의 속도는 아주 느릴 수도 있고 반대로 급격히 빠를 수도 있습니다. 우리는 원하든 원하지 않든 변화하는 세상에 적응해야 하고, 적절한 역할들을 맡아야만 합니다. 누구도 피할 수 없습니다.

견고한 시장에는 작은 칼로 진입해야 한다
: 핀테크

카카오뱅크가 아니라
카카오페이로 시작한 이유

금융시장은 매우 중요하고, 크고, 복잡합니다. 그래서 국가는 물론 전 세계 단위에서 금융시장을 엄격하게 관리하고 있습니다. 세계적으로는 통화 정책을 통해 환율과 금리를 관리하고, 돈의 흐름을 감시하며 자금 세탁을 방지합니다. 국가적으로는 경제 상황을 안정화하기 위해 노력하는 한편 금융사고를 방지하기 위해 다양한 수단을 동원합니다. 그러다 보니 금융위원회, 금융감독원, 금융보안원 등 금융시장을 안정적으로 운영하기 위한 기관들을 두게 되었고 이러한 국가적 관리체계

안에서 인가받은 금융 업체들만이 시장을 형성하고 있습니다.

금융은 이렇듯 대표적 규제 산업 중 하나입니다. 또 그럴 수밖에 없기도 합니다. 복잡하게 얽혀 있는 금융시장과 경제체제 하에서는 어떤 부분이 어디에, 어떤 영향을 미칠지 예측하기가 매우 어렵기 때문입니다. 이 모든 복잡계를 이해하고 있는 사람이 한 사람이라도 있을까요?

우리나라의 경우만 해도 규제기관에서 수만 명이 일하고 있습니다. 은행, 증권사, 카드사를 포함하면 수십만 명에 달합니다. 금융시장 내에서 이루어지는 작은 문제들은 어떻게든 다룰 수 있겠지만, 큰 문제들을 다루려면 정말로 많은 사람과 여러 기관이 모여야 합니다.

이러한 경우에는 시장이라는 큰 숲을 보고 접근하기보다는 나무라는 작은 문제에서 시작해야 접근이 가능합니다. 카카오페이, 토스 등 국내 핀테크 시장을 연 업체들도 처음에는 단순한 온라인 결제, 소액 송금부터 시작했습니다. 그 후 규제 이슈가 크지 않은 영역을 중심으로 차례차례 서비스를 확대하고 있습니다.

처음 카카오 송금 서비스를 개발하던 2014년에는 핀테크라는 용어조차 없었습니다. 서비스가 나오고 나서야 간편결제, 간편송금, 핀테크, 테크핀 등등의 용어들에 대해 이야기하기 시작했습니다. 그랬던 그 시절, 카카오톡 아이디를 기반으로 소액 송금이 가능한 서비스를 만들려면 당연히 금융권과의 협업이 필요했습니다. 금융권은 매우 폐쇄적이고 독립적으로 수십 년간 운영되어온 곳입니다. 반면 카카오는 신생 IT회사로 분위기가 매우 달랐습니다. 카카오에 금융권 인사가 방문해 기자회견을 연 적이 있는데, 금융권 소속의 구성원들은 매우 격식 있는 정장 차림이었으나, 카카오 임직원들은 대개 반바지에 슬리퍼 차림이었습니다. '한 공간에서 매우 다른 두 조직이 전혀 새로운 일을 만들고 있구나.' 하는 생각을 할 수밖에 없었지요.

금융권에는 오랜 시간 누적된 정책과 프로세스가 있고, 그 복잡도가 높아 하나의 의사결정을 위해서 여러 사람의 판단이 필요했습니다. 또 전체적인 시장과 시스템 자체가 복잡했기 때문에 어떤 일로부터 파생될 수 있는 리스크를 판단하기 어려운 구조였습니다. 반면에 IT의 경우 그게 무엇이든 맨바닥에서 새롭게 쌓아나가는 분위기였기에 모든 의사결정이 빨랐습니다. 아이디어가 있다면 일단 시도해보고 'Go/No Go' 의사결정을 내리는 식이었지요. 때문에 작은 기능이나 서비스의 프로세스를 바꾸는 것에 있어서도 두 회사 간의 의사결정의 속도 차가 클 수밖에 없었습니다. 수시로 이견이 생기곤 했지요.

처음에는 두 집단 간 갈등이 심했지만, 시간이 지날수록 서로의 문화를 이해하게 되며 좀 더 빠르게 의사결정이 이루어지게 되었죠. 그리고 약 7년이 지난 2021년 현재, IT와 금융의 결합은 더이상 낯설지 않게 되었습니다.

일단 빗장을 열면 허물어지는 것은
시간 문제

규제 분야에 속하는 금융서비스의 경우 대다수 금융규제 기관의 가이드에 따라야 하는데, 당시에는 핀테크 서비스에 대한 가이드 자체가 없었습니다. 서비스를 허용하는 가이드도 없었고, 불허하는 가이드도 없었습니다. 이럴 경우 금융감독원 등 유관기관에 질의를 넣어 해석을 받은 후 진행해야 했는데 처음에는 '카카오'라는 신생 IT벤처에 관심을 가져주지 않아, 답변을 받는 데에 수개월씩 걸리곤 했습니다.

그러다 시장에 핀테크라는 용어가 퍼지고 제도권에서도 인정을 받기 시작하자, 분위기는 순식간에 바뀌었습니다. 외려 규제기관이 먼저 신생 IT회사에 연락해 애로사항이 없는지, 어떤 규제나 정책적 지원이 필요한지 묻기도 했습니다. 대중의 반응도 비슷했습니다. '그런 게 왜 필요한지 모르겠다.', '정말 유용한지도 모르겠다.', '있어도 안 쓸 것 같다.'는 반응 일색이었는데, 고객의 이 같은 우려도 순식간에 새로운 시장에 대한 기대감으로 바뀌었지요. 이렇듯 필요가 있다면 언제든 새로운 시장은 시작될 수 있고, 아무리 견고해 보이는 낡은 시장이라도 언젠가는 새로운 시장과 결합될 수밖에 없을 것입니다.

새로운 시장의 아이디어는
전 세계 도처에 존재한다

카카오페이 당시 벤치마킹을 위해 가장 자세히 살펴본 시장은 IT강국으로 알려진 미국이 아닌 중국이었습니다. 중국에서는 당시 '알리페이', '위챗페이'가 온오프라인 시장 모두에서 빠르게 성장하고 있었던 반면, 미국이나 유럽 등 선진국에서는 온라인 시장을 중심으로 성장하고 있었습니다. 한국을 비롯한 미국과 유럽 등 선진국에는 이미 은행 및 신용카드 서비스가 매우 잘 자리 잡고 있어 새로운 수단에 대한 니즈가 크지 않았지요. 그러나 중국의 경우, 2010년대까지 시장에서 버젓이 위조화폐가 거래되고 있었고, 중국 정부에서 파악하는 중국 내 현금 거래는 전체의 20~30퍼센트에 불과한 실정이었습니다(중국의 경우 신원 확인이 어려운 경우가 많아서 은행 계좌를 열기도 어려웠고, 신용카드 개설은 더욱 어려웠습니다. 대다수의 중국인들은 내수시장에서 장사 등의 자영업을 통해 현금 거래를 했는데, 기록이 남지 않는 방식이다 보니 위조화폐에 대한 문제 및 국가 차원의 통화 관리에 어려움이 있었습니다). 그러했기에 중국 정부에서는 적극적으로 핀테크 기업들을 지원했고, 2014년 즈음 중국 내 가판대에서도 알리페이와 같은 핀테크 서비스를 이용할 수 있게 된 것이지요.

또 다른 사례를 생각해보자면 2015년 즈음 방문했던 런던의 핀테크 콘퍼런스가 떠오릅니다. 블록체인 업계에 진입하기 한

참 전이었지만 핀테크가 발달해 있던 유럽의 금융허브 영국 런던에서 콘퍼런스 참관을 했던 적이 있습니다. 그해 콘퍼런스 주제의 8할은 블록체인과 비트코인이었고, 당시에는 가격이 낮았던 탓에 서비스 홍보를 위해 비트코인 조각을 무료로 나눠주는 프로모션도 많았습니다. 유럽은 지리적으로 다양한 국가들의 교류가 잦고, 통화 간 교환도 빈번하기에 상대적으로 단일 민족, 단일 통화로 이루어진 우리나라에 비해 비트코인에 대한 니즈가 컸습니다. 여러 화폐를 빈번하게 환전해야 했고, 가족 중 누군가는 다른 국가에서 거주하거나 공부하는 일도 많았으니까요. 2015년 시점에 이미 환전, 외화송금, 결제 등 다양한 분야에서 비트코인을 사용하고자 시도하고 있었습니다(그때 프로모션으로 받았던 비트코인을 잘 가지고 있었다면 하는 아쉬움이 지금도 큽니다).

다른 사람들보다 새로운 것을 좋아하는 성격임에도 불구하고, 당시에는 블록체인이나 비트코인을 이해하기도 어려웠고, 그에 대한 니즈도 크지 않았기 때문에 관심을 가지지 않았던 것을 생각하면, 저보다 훨씬 안정지향적이고 보수적인 사람들에게 신기술이 주는 느낌이 어떤 것일지 조금은 상상이 되기도 합니다.

대한민국이 기술 강국으로 성장하고 있다고는 하나, 튀는 것을 좋아하지 않는 문화적 특징은 신사업을 대하는 태도에서도 그대로 나타납니다. 개성이나 독특함을 강조하는 자유로운 사고가 기반이 되는 국가들에서는 새롭게 등장하는 기술이나 개념에 대해 더 자유롭게 관심을 가지고, 시도하고, 성장시키곤

43

하니까요. 그래서 적어도 대한민국 내에서 새로운 시장을 만들고자 한다면, 국내의 사례들을 보아서는 안됩니다. 해외로 눈을 돌려야 합니다.

기존 체제의 작동 방식을 바꾸는 시장이라면, 오랜 시간이 필요하다
: 블록체인

투자한 사람도 모르는 블록체인의 정체

제가 가상화폐 거래소에서 일하기 시작한 2017년 당시에는 가상화폐에 대한 아무런 규제가 없었습니다. 이미 비트코인을 거래할 수 있는 거래소의 기반은 만들어져 있었기에, 초창기에 블록체인 업계에 발을 들인 이들은 '비트코인을 화폐처럼 사용하는 방법들'을 고민하고 있었습니다. 아무래도 결제나 송금, 환전 등 가장 기본적인 화폐의 역할을 할 수 있도록 하는 방법들을 가장 먼저 고민할 수밖에 없었습니다. 때문에 제가 회사에서 처음 맡았던 역할은 가상화폐 기반의 카드 결제 서비스를 구축하는 것이었는데, 가상화폐 자체의 시가 변

동폭은 컸지만 충분히 현금화가 가능한 성격의 가치 저장수단
이었기 때문에 현금과 신용카드로도 연결할 수 있을 듯했습니
다. 그러나 가상화폐의 가격이 급등하며 순식간에 세간의 관심
을 받게 됐고, 2017년 12월 법무부와 금융위원회에서는 가상통
화와 관련된 규제들을 검토하고 발표하기 시작했습니다. 카드
결제, 담보대출, 환전·외화송금 등 가상화폐를 기반으로 한 유
사 금융서비스들은 지속적인 규제로 금지되며 2021년 현재까
지도 시장에 선보이지 못하고 있습니다. 홍콩, 싱가포르, 스위
스 등 금융규제가 강하지 않은 몇몇 국가에서만 자산가치를 인
정하여 결제, 송금, 자산보관(Custody) 등 서비스를 허용하고 있
지요.

　우리에게는 비트코인이나 이더리움 같은 가상화폐로 더 익
숙하지만, 가상화폐의 기술적 본질은 '블록체인'이라는 '탈중앙
화된 방식으로 데이터를 다루는 것'에 있습니다. 정보들을 데
이터화하여 어딘가에 저장해두게 되면, 언젠가는 그 정보를 모
아서 나에게 필요한 용도로 사용하고 싶다는 생각을 하게 될
수밖에 없지요. 스마트러닝, 핀테크 등 일상생활에서 지속적으
로 사용되는 서비스플랫폼을 기획했던 당시에는, 무엇보다 중
요한 개인의 데이터를 모두 개별 사업자들이 나누어가지고 있
다는 현실에서 답답함을 느낄 수밖에 없었습니다. 이런 상황에
서 개인의 필요에 따라 데이터를 사용할 수 있는 블록체인 기
술은 매우 새롭고 혁신적으로 보였습니다.

예를 들어 은행 대출을 받는다고 생각해보면, 나의 대출 한도는 해당 은행에 있는 거래 데이터와 '신용평가사'에서 확인 가능한 신용평가자료를 기반으로 판단하게 됩니다. 이때 만약 내 금융자산이 증권사나 부동산 등등에 흩어져 있다면 해당 기관에서 증명 가능한 자료를 발급받아 제출해야 합니다. 번거롭습니다. 그리고 이 과정에서는 이 사람이 얼마나 성실하게 성장하고 있는지에 대한 정성적인 데이터들은 현실적으로 반영하기가 어렵습니다.

이렇듯 전통적인 방식으로 데이터를 다루는 곳에서는, 고객의 모든 정보를 개별 기업이 별도로 소유하고 있습니다. 고객들의 입장에서 보자면, 나와 관련된 정보들이 내 것이 아니라 회사의 것이라는 말이기도 합니다. 이와 반대로 블록체인의 기본 개념에서는, 고객이 데이터의 소유 주체가 될 수 있습니다. 고객이 생성하는 정보들이 회사의 데이터베이스에 쌓이는 것이 아니라, 고객이 소유한 데이터베이스에 쌓이게 되고 오히려 회사가 필요할 때만 고객의 동의를 얻어 데이터를 기록하거나, 열어볼 수 있게 해준다고 하면 이해하기 쉬울 듯하네요. 이 때문에 만약 내 정보들이 모두 블록체인상에 있다면, 그래서 내가 소유할 수 있다면 원하는 곳으로 복제하여 모아둘 수도 있을 것입니다. 또 그 데이터를 필요로 하는 곳이 있다면 블록체인상에서 볼 수 있도록 열어줄 수도 있겠지요.

이와 같은 블록체인 기술을 이용하기 위해서는 흡사 인증서의 기능을 하는 '코인'과 '토큰'이 필요합니다. 블록체인을 사용하려면 필요한 이용료 같은 것이지요. 그런데 이 코인과 토큰은 블록체인 기술이 시장에 자리 잡기 전에 '투자자산'처럼 대중에 알려지고 말았습니다. 코인과 토큰에 대해 들어보았거나 심지어 직접 거래해본 사람들조차 블록체인 기술이 어디에서 어떻게 쓰이고 있는지에 대해서는 잘 알지 못할 것입니다.

또 한 가지, '탈중앙화'를 의미하는 블록체인의 기본 정신은 전 세계가 국가 단위로 중앙화되어 있다는 현실과 상충합니다. 작게는 지역, 기업이나 공동체, 크게는 국가까지 사회는 특정 집단으로 응집되어 있지요. 이렇다 보니 이 '탈중앙화'라는 개념은 인문학적으로 기존의 체제와 상충하는 개념일 수밖에 없습니다.

또 너무 설익은 코인과 토큰의 환금성은 전 세계적인 통화 체제에 교란을 가져올 수 있습니다. 자금세탁에 관한 모니터링도 불가능하니 범죄자금으로 유해하게 이용될 수 있고(실제로 마약 유통 등 지하경제 거래 상당수가 가상화폐로 유통되고 있다고 합니다), 급변하는 가격은 실제 환율체제 등 경제 전반에 위협으로 작용할 수도 있겠지요.

실체가 없는 버블은 반드시 터지고 만다

2000년대 닷컴버블과 같이, 기술이 설익은 상태에서 기대감만으로 성장한 시장은 결국에 무너지고 맙니다. 그렇게 무너져서 다시 바닥부터 건실하게 쌓아올리다 보면 2020년도와 같은 기술기반 기업들의 시대가 오기도 하고요. 블록체인에 있어서 2017년은 닷컴버블과 유사했다고 봅니다. 아직 블록체인 기술이 상용화되기에 어려운 정도의 매우 초기 수준이었지만, 이를 기반으로 새로운 서비스를 구축하겠다는 ICO(Initial Coin Offering) 팀들의 장밋빛 청사진으로 수천 종의 가상화폐가 하루에도 몇 천 퍼센트씩 등락을 반복하는 기이한 시장을 만들었지요. 남녀노소 할 것 없이 '블록체인'은 몰라도 '코인 투자'는 한두 번 해봤을 만큼 코인버블이 심각했습니다. 결국 2만 달러 이상 고점을 찍었던 코인 가격은 3,000달러 수준으로 폭락했고, 이후 점진적으로 다시 가격을 올리고 있습니다. 다만 2017년과 2020년이 조금은 다른 점은 블록체인 기술이 눈에 보이지 않지만 곳곳에서 활용되고 있고, 이제 '미래에 대한 청사진'만으로 코인에 투자할 사람이 많지 않다는 점입니다(그만큼 대중들도 학습을 한 것입니다). 실제로 2017년 ~ 2018년 가상화폐 거래소에서 일할 당시 해외의 여러 ICO팀들을 만났는데, 나름대로 신뢰도가 있어 보였으나 얼마 지나지 않아 미국 증권거래위원회(SEC)에 기소 당했다는 기사를 다수 접하기도 했습니다.

블록체인 기술에도 양면이 있겠지만, 각 국가에서 법과 규제를 만들어가는 이들이 기술과 사용 방식을 이해하고 받아들이며, 적절한 조치를 취하기까지는 아직도 많은 시간이 걸릴 것으로 보입니다.

십수 년간 가상자산이 화폐냐 자산이냐, 또는 아무것도 아닌 거품이냐는 기나 긴 토론을 겪으며 최근 G20 등에서 기존 금융체제를 위협할 만한 수준이 되는지 살펴보게 되었고, IFRS(국제회계기준)에서도 가상자산을 재고자산 또는 기타의 무형자산으로 정의하여 회계적인 존재를 인정하게 되었다. 사기논란을 끊임없이 겪으면서 무법지대에서 성장한 가상자산은 2020년 3월 24일 국내에서도 처음으로 가상자산의 존재를 규정하는 법제화가 이루어졌다. 그러나 가상자산을 정의한 법제는 "특정금융정보법"이다. 하지만 아직은 가상자산을 새로운 금융시장이나 자산군(Asset class)의 형태로 인식하려는 취지라기보다 자금세탁 등에 악용될 가능성이 높은 위협의 대상으로 인식하고 있다고 보는 편이 타당할 것이다. 국내뿐 아니라 해외에서도 가상자산에 관한 법제화는 한창 진행 중에 있다.

— 〈블록체인 기반 혁신금융 생태계 연구보고서〉[4]

중에서

그래도 조금씩 허용의 범위가 넓어지고 있으니, 앞으로 5년, 10년 후에는 자연스럽게 블록체인 기술을 이용해 '코인'이나 '토큰'을 적절하게 사용하게 되지 않을까 기대도 해봅니다.

처음 제가 블록체인 기술 기반의 시장에 걸었던 기대는 새로운 기술을 통해 사회 전반을 통제하고 운영하는 방식이 바뀔지도 모르겠다는 것이었습니다. 그러나 새로운 시장은 아직 너무도 미성숙했고, 그 점을 악용하는 사례들을 보며 회의감을 느낄 수밖에 없었죠. 때마침 직장생활 10년차를 즈음하여 슬럼프가 왔고, 이전과 다르게 '일의 보람'에 대해 생각하게 되었습니다. 재미만으로 일을 지속할 수 있는 시기는 지나버린 때문이겠지요. 다시 처음으로 돌아가 새롭게 배우고 학습해야 한다면 어떤 영역이 좋을까를 고민하기 시작했습니다. 정신적으로, 그리고 육체적으로도 행복하고 건강하게 살 수 있는 방법들을요.

본질은 변하지 않는다, 기술만이 발전할 뿐
: 바이오AI

소수의 전문가가 이끄는 신약 개발 시장

제가 이전까지 몸담았던 유틸리티, 스마트러닝, 핀테크, 블록체인 분야는 모두 필기나 학습, 재화 교환이라는 아주 오래된 행위에 기술이 입혀지며 새로운 시장이 개척된 경우였습니다. 사실 새로운 시장이라고는 하지만, 아주 없던 시장이라기보다는 이전보다 조금 더 효율적이고 편리하게 개선된 시장이라고 할 수 있겠네요.

따라서 이들 영역은 어찌 보면 매우 대중적인 시장입니다. 누구나 살면서 매일, 또는 수차례 경험하거나 이용하는 영역이니까요. 그렇지만 대중적이지 않은, 소수의 전문가들이 이끌어가는 시장도 있습니다. 신약을 개발하는 분야도 그중 하나입니다.

　2019년을 살고 있었던 저는, 우연한 기회에 현재 일하고 있는 의약품 연구에 활용할 수 있는 AI기술을 접하게 됐고 그 시장에 대해 공부하게 되었습니다. 당시 저는 제가 아는 익숙한 시장에서 계속해서 무엇인가를 지속해야 할지, 완전히 새로워도 충분히 배울 가치가 있을 만한 또 다른 영역에 뛰어들어야 할지 고민하고 있었기에 '건강한 삶'에 도움이 되는 의약품 AI기술에 매력을 느낄 수밖에 없었습니다. 그리고 난생 처음으로 '신약개발'과 관련된 것들을 공부하며 가장 놀랐던 점은, 아직도 원인을 알 수 없거나 치료할 수 없는 질병이 너무나도 많다는 사실이었습니다.

　그 다음으로 놀랐던 것은 연구가 이루어지는 방식이었습니다. 워낙에 IT업계에만 있었기에 거의 대다수 산업이 자동화되어 있을 것이라 기대했던 것 같습니다. 그러나 사람에게 투약하게 되는 의약품의 경우 매우 엄격하게, 외려 과거보다 더욱더 엄격하게 전통적인 연구 방식을 유지해오며 연구를 이어오고 있었습니다. 물론 연구 과정에서 사용되는 도구들이나 기록하는 방식은 조금씩 개선되고 있지만, 연구의 모든 것이 '연구자 개인의 역량'에 의존해오고 있다는 점은 변화가 없었고, 이 점이 매우 놀라웠습니다.

　정보도 많고 데이터도 많지만, 새롭게 질병의 원인을 규명하고 치료 방법을 찾아내는 것은 연구자 개개인의 역량에 오롯이

53

달려 있었다는 뜻이기도 합니다. 아직 인체의 신비는 모두 파악되지 않았고, 그 연구의 영역이 너무도 방대하기 때문이기도 합니다. 보통 의약품의 연구자들은 특정 질병에 대해서, 그 질병의 원인에 대해서, 그리고 그 질병을 치료할 수 있는 치료제 하나에 대해서 평생 연구하기도 한다고 합니다. 전문 영역을 깊이 있게 파고들기 때문에 다른 질병이나, 다른 치료제의 가능성에 대해서는 파악하기 어려운 것이 사실입니다.

신약개발에 있어 AI는 이렇게 중요한 중심축이 되는 '연구자 개인의 역량'을 더 확장시킬 수 있는 방향으로 발전하고 있습니다.

기술이 인류의 건강과 행복을 위해 가장 헌신할 수 있는 분야

당연한 말이겠지만 의약품을 개발하는 데 가장 중요한 것은 첫째도, 둘째도, 셋째도 '안전성'입니다. 효과가 있으면 좋지만, 그럼에도 독성이 있다면 환자에게 투약할 수 없지요. 그런 의미에서 의약품의 개발 과정은 매우 까다롭고 어려우며, 긴 여정이라 할 수 있습니다. 대다수의 시간은 '환자에게 임상투약하기에 안전한지'를 파악해 점차 더 많은 환자군으로 임상을 확대하며 '대다수의 평범한 사람에게 항상 안전한

약'을 개발하는 데 투입됩니다. 때문에 학술적인 예측과 분석보다는 세포 단위의 실험, 직접 사람을 대상으로 하는 임상시험 등 물리적인 과정이 많습니다.

반면에 인공지능 기술은 완벽한 가상세계를 기반으로 합니다. 과거의 데이터를 학습해 인간의 두뇌 수준을 뛰어넘은 데이터 분석력과 예측력을 보이지요. 때문에 데이터가 많으면 많을수록 오랜 기간 학습한 연구자가 제시하는 결과보다 더 유의미한 결과를 예측할 수도 있습니다. 그러나 과거 수십 년, 수백 년간 물리적인 방식으로 약물을 개발해온 제약업계에서는 여전히 '컴퓨터가 예측한 것은 믿을 수 없다'는 분위기가 지배적입니다. 아직 제약 인공지능도 초기 단계이므로, 향후 5~10년 내 인공지능이 예측한 물질이 실제로 모든 물리적 시험 과정을 통과하기까지 이러한 논란은 계속될 수밖에 없습니다.

그럼에도 불구하고 AI는 여러 질병과 치료제에 대해서 동시에 학습하고 판단할 수 있기 때문에 더 많은 대안을 제시할 수 있습니다. 특정 질병 치료제로 사용되던 약이, 전혀 다른 질병의 치료제로도 사용될 수 있음을 예측할 수 있습니다. 또한 어떤 치료제가 특이한 부작용으로 신약 개발에 실패했다면, 부작용의 원인을 파악해 또 다른 질병의 치료제로 사용할 수 있을지를 예측할 수도 있습니다. 또 독성은 낮고 효과는 높은 물질들의 특성을 파악해, 전혀 다른 새로운 약품이 될 수 있는 물질을 생성할 수도 있습니다. 연구자 개인이라면 학습하기 어려운 방대한 데이터를 학습함으로써 인공지능은 새로운 아이디어를 전혀 다른 접근 방법으로 제시할 수 있는 것입니다.

AI는 감정적이고 불규칙적인 사람의 반응을 예측하기는 어려울지 몰라도 데이터와 명확한 방법론에 근거한 생명과학 연구에 있어서는 훨씬 더 뛰어난 역량을 발휘할 수 있습니다. 이제까지 연구자 개인의 역량에 의존하던 전통적 신약 연구 방식도 AI를 만나면 새로운 단계로 도약할 수 있게 됩니다. 더 성공 가능성이 높은 시도를 다양하게 할 수 있게 될 테니까요.

의약품 AI의 안정적인 정착을 위해서는 인공지능 기술 개발자가 생명과학 연구자의 연구 방법과 과정을 잘 이해해야 합니다. 연구자 역시 어느 정도는 인공지능 기술에 대한 지식이 있어야 하지요. 그러다 보니 서로를 이해하는 데 오랜 기간이 소요되고, 의미 있는 결과물을 만들어낼 수 있는 수준으로 대화가 되는 환경을 만드는 것도 어렵습니다. 의약품 AI는 이제 막 대화가 진행되는 환경을 구축한 단계이고, 앞으로 현업에 활용되는 기술을 개발하자면 더 많은 이야기를 나눌 수 있어야 합니다. 이종산업의 결합이 이만큼 어렵다는 것을, 이 업계에 와서 여실히 깨닫고 있는 중입니다.

시장은 욕망을
끄집어내는 데서
시작해야 한다

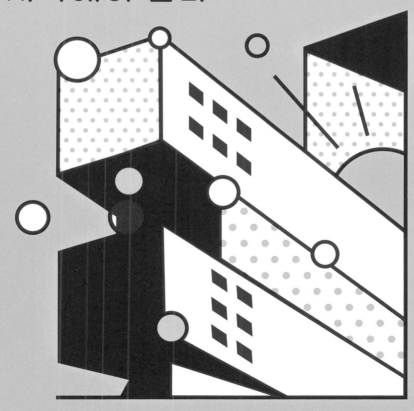

세상이 우리의 참신한 신사업을
받아들이지 못하는 이유

고객은 자신이 무엇을 원하는지 모른다,
보여주기 전까지는

2010년대 스마트폰이 등장하자마자 신사업기획이나 서비스기획 분야에 유행처럼 번졌던 것이 애플 전 부사장 도널드 노먼Donald Norman의 '서비스 디자인' 이론이었습니다. 서비스 디자인이란 고객의 경험을 개선하는 측면에 집중하여 새로운 고객 경험을 제공한다는 기본 개념을 바탕으로 하고 있습니다. 때문에 '고객 중심'으로 기존의 사업을 지속적으로 개선하고, 또 새로운 사업을 준비해야 한다는 맥락에서 많은 기업들의 관심을 받을 수밖에 없는 개념이기도 했습니다.

또한 당시 애플의 아이폰이 국내외 뜨거운 관심을 받고 있었고, PC기반 IT서비스에서 모바일 기반 IT서비스로 세대교체가 일어나던 시기였기에 특히 고객 경험에 대한 관심이 높았습니다. 이는 단순히 PC나 모바일을 매체로 하는 서비스에 국한된 것이 아니라, 고객과의 관계를 형성하는 모든 종류의 브랜드 및 서비스에 대한 일이기도 했지요.

대다수 대기업에서는 이노베이션innovation이라는 키워드를 중심으로 서비스 디자인 또는 고객 경험과 관련된 조직을 신설하거나 기존 CRM(고객 관계 관리) 조직의 명칭을 변경하기도 했습니다. 그리고 몇 년 후, 이 서비스 디자인은 실제 시장에서의 효용성이 떨어진다는 이유로 유행 지난 이론처럼 남고 말았습니다. 정말로 그 방법론이 잘못되어서일까요? 그렇다기보다는 그 본질을 이해하고 진정한 문제해결에 활용하기가 쉽지 않아 제대로 활용할 수 있었던 사람이 많지 않았기 때문이라고 보는 게 맞을 듯하네요.

애플의 부회장이 된 래리 테슬러는 몇 해 전 "시스템에서 전체적인 복잡성의 합은 항상 일정하다."라고 주장했다. 사용자의 이용이 단순해지면 나머지 부분이 복잡해진다는 말이다. (…) 테슬러는 2007년 인터랙션 디자인의 권위자인 댄 새퍼와의 인터뷰에서 다음과 같이 말했다. "모든 프로그램에는 더 이상 줄일 수 없는 복잡한 정도, 즉 복잡함의 하한선이 있다. 이때 던져야 할 질문은 이 복잡함을 누가 감당하느냐는 것이다. 사용자인가, 아니면 개발자인가?"

—《도널드 노먼의 UX 디자인 특강》[5] 중에서

기본적으로 '서비스 디자인'의 근간은 사용자를 '더 편하고 쾌적하게' 만들어주는 것을 최대의 목표로 합니다. 즉, 사용자가 들여야 할 수고를 덜어주는 방향으로 서비스 또는 상품의 개선이 이루어진다는 의미이지요. 때문에 서비스 디자인에서 고객을 분석하는 방법론들은 집요하게 고객을 관찰하고, 그 관찰을 기록하며, 관찰하여 발견된 행동들의 원인을 파악하는 방식으로 이루어집니다.

그러나 2010년대 초 우리나라에서 유행하던 서비스 디자인의 방법론으로는 설문조사나 FGI(Focus Group Interview) 등이 주로 사용되었고, 고객의 행동을 관찰하기보다는 직접적으로 어떤 대답을 얻는 방향으로 이루어졌습니다.

잘못된 질문의 사례들

Q. 어떤 점이 불편하세요?

Q. 이런 서비스가 있다면 사용해보실 건가요?

Q. 이 부분에 대해서 부정적으로 생각하신다면 이유를 말씀

해주세요.

Q. 어떤 부분이 보완·개선되면 이 서비스·상품을 이용하실
생각이신가요?

Q. 이것과 저것의 가장 큰 차별점은 무엇이라고 생각하시나
요?

고객들은 위와 같은 질문에 어떤 대답을 했을 것이고, 99.99
퍼센트의 확률로 그것은 틀린 대답이었을 것이라고 생각합니
다. 고객을 흡사 어린 아기와 같다고 생각해보는 건 어떨까 싶
기도 합니다. 말을 하지 못하는 갓난아이가 울 때, '왜 우느냐?'
고 다그친다고 해서 그 답을 알게 될까요? 입을 삐죽이면서 무
엇인가를 찾는다면 배가 고픈 것은 아닌지 생각해봐야 하고,
숨이 넘어갈 듯 운다면 배앓이를 하지는 않는지 살펴봐야 합니
다. 주의 깊게 관찰하면 알 수 있는 것입니다. 초등학생 정도의
아이를 예로 들어봅시다. 아침 등교시간마다 배가 아프다고 하
는 것은, 정말 배가 아픈 것이 아니라 학교에 가기 싫어서일 수
있습니다. 이 역시 아이를 가만히 관찰하다 보면 알 수 있는 사
실입니다.

스티브 잡스Steve Jobs는 "소비자들은 우리가 물건을 만들어
서 보여주기 전까지는 자신이 뭘 원하는지 모른다."는 말을 했습
니다. 소비자를 인터뷰하고 시장조사를 하는 것만으로는 혁신
적인 제품을 탄생시킬 수 없다는 의미지요. 하버드 대학의 제럴

드 잘트만Gerald Zaltman 교수는 "사람들이 말로 표현하는 욕구는 5퍼센트에 불과하다."고 말한 바 있습니다. 고객들은 자신의 진정한 욕구를 솔직하게 표현하지 못한다는 의미이지요.

그럼 고객들은 일부러 이를 숨기는 것일까요? 일부러 숨긴다기보다는 무엇이 문제인지 정확히 인지하지 못한다고 표현하는 게 맞을 듯합니다. 왜냐하면 인생의 많은 시간 동안, 우리는 주어진 환경에 그럭저럭 잘 적응해서 투덜대지 않고 살아가는 방법을 택하곤 하니까요. 스티브 잡스 같은 '까다로운' 사람들만이 지금 여기에서 무엇이 불편하고, 무엇이 싫은지 명쾌하게 이야기할 수 있습니다. 언급했듯이, '까다로운' 사람들 말입니다. 그리고 이런 '까다로운' 사람들이 주로 무엇인가 '새로운 시장'을 만드는 데 능합니다. 왜냐하면 일상 도처에서 '낡은 시장'을 발견하기 때문이지요.

> 기업가 정신에 관한 말 중에 내가 가장 좋아하는 것은 "기업가가 무엇인지 알고 싶다면 비행 청소년을 연구하라"이다. 비행 청소년은 행동을 통해 이렇게 말한다. "이건 정말 엿같네. 난 내 방식대로 할 거야." 난 정말 사업가가 되고 싶지 않았기 때문에 사업가가 되려면 좋은 명분들이 필요했다.
>
> ─《파타고니아, 파도가 칠 때는 서핑을》[6] 중에서

2장 시장은 욕망을 끄집어내는 데서 시작해야 한다

6   이본 쉬나드 지음, 이영래 옮김, 라이팅하우스, 2020, p.85

결국 진정으로 고객을 이해하고 서비스 디자인을 수행하기 위해서는 예술가나 과학자가 자연현상을 관찰하고 그 이치를 깨닫는 것처럼 집요하게 고객과 시장을 관찰하는 수밖에 없습니다.

옳은 관찰이란,
근원적인 질문에 대답하는 과정

수억짜리 컨설팅이 휴지조각이 되는 과정

2012년, 어린이 교육상품 및 교재를 개발하는 회사에서 근무할 당시에 저에게 가장 큰 교훈을 남겼던 프로젝트가 하나 떠오르네요. 새롭게 등장한 스마트폰과 태블릿PC를 활용한 스마트러닝 사업을 막 시도할 즈음이었습니다. 스마트러닝 사업을 시작하자면 가장 먼저 필요한 것은 부모가 아이에게 마음놓고 건네줄 수 있는 태블릿PC를 개발하는 일이었습니다. 이제껏 종이책을 만들던 회사에서 처음으로 전자기기와 그에 탑재될 콘텐츠를 개발하려니 큰 용기가 필요했지요.

야심차게 새로운 사람들을 영입하고, 새로운 방법으로 개발을 시도했습니다. 당시 IDEO라는 미국의 유명한 디자인 이노베이션 기업에 의뢰해, 기존의 고객들이 원하는 교육용으로 최적화된 유아동 교육용 태블릿PC를 디자인하기로 했습니다. IDEO에서 두 명의 UX전문가가 2개월간 한국으로 출장와 100명이 넘는 부모와 아이들, 영업전문가들을 만나 그들이 원하는 것을 수집했습니다. 물론 동시에, 그간 어떻게 교육상품을 이용해왔는지도 조사했습니다.

IDEO의 결과물은 멋있었습니다. 빠르게 자라는 아이들 성장 단계에 맞추어 최소한 몇 년간은 사용할 수 있도록 단계적으로 새로운 콘텐츠를 넣을 수 있도록 했고, 오감을 발달시킬 수 있도록 단순한 터치패드뿐 아니라 실제 필기하듯 글씨를 쓸 수 있는 전용 패드, 그림을 그릴 수 있는 패드를 별도로 제공하는 디자인이었습니다. 네 개의 전자기기와 전용 펜으로 구성되어 있는 교육 전용 태블릿PC의 탄생이었지요. 매번 네 개의 기기를 모두 가지고 다닐 필요가 없이, 필요한 것만 가지고 다니면 되는 방식이었습니다. 무엇보다 중요했던 지점은 한번 태블릿PC를 손에 쥐어주면 그것으로 너무 많은 일들을, 너무 오랜 시간 하지 않을까 하는 부모님들의 걱정을 덜어주는 것이었습니다. 이 때문에 각 기능별로 별도 기기를 제작한 것은 정말로 훌륭한 아이디어라고 칭찬받기도 했습니다.

당시 저도 IDEO 프로젝트에 참여해 인터뷰 회의록을 남기고, 인사이트를 뽑아내는 포스트잇 작업도 하면서 이 프로젝트

| 본체 공부용 | 서브1 독서용 | 서브2 그림그리기용 | 서브3 필기용 | 전용 펜 |

그림 5 당시 IDEO가 제안했던 유아동 교육용 태블릿PC 콘셉트

에 열정적으로 임했습니다. 그 과정에서 학부모와 영업사원들, 그리고 아이들이 진짜로 원하는 제품에 대해 들었다고 생각했기에 이 결과가 정말 놀랍도록 그들이 원하는 모습 그대로를 구현했다고 생각했지요.

지금 보면 좀 우스워 보입니다. 왜냐하면 이미 하나의 태블릿PC에서 모두 가능한 기능들이니까요. 그렇지만 당시에는 지금처럼 필기 기능도 발달하지 않았고, 기기의 성능도 좋지 않아 모든 기능을 한 기기에 담는 일은 어려웠습니다. 그렇지만 문제는 여기에 있지 않았습니다. 이 콘셉트를 처음 학부모와 아이들, 그리고 영업사원들에게 보여주었을 때의 첫 반응을 보고 저는 무척 놀랐습니다.

"아이들에게 이렇게 고가의 조각들을 나누어주라고요? 말도 안 돼요. 하루면 잃어버리고 망가뜨릴 거예요."

그때 깨달았습니다. IDEO에서 프로젝트를 진행했던 두 명은 모두 아이를 키워본 경험이 없었습니다. 해당 프로젝트에 참여했던 회사 직원들도 대다수 20대로 육아 경험이 없었습니다. 우리는 학부모와 영업사원들에게 '원하는 것'만 물어보았지, '문제가 될 수도 있는 점'에 대해서는 묻지 않았던 것입니다. 그리고 어쩌면 '아이들의 특성'에 대해서 잘 아는 영업사원이나 학부모들에게는 너무도 당연한 사실이라 얘기할 기회조차 없었던 것인지도 모릅니다. 하지만 가장 큰 문제는, 학부모와 아이들을 깊이 있게 관찰하지 않았다는 점이었지요. 결국 해당 콘셉트는 폐기되고, 가능한 한 튼튼하고 단순한 형태로 개발하여 출시했습니다.

설문지 결과를 믿으면 안 되는 이유
: 모두가 아무 말이나 쓰니까

이 경험은 제게 매우 인상 깊게 남아 있습니다.

첫 번째로는, 당시 전 세계 제일가는 IDEO라는 서비스 디자인그룹에 수억 원에 달하는 컨설팅 비용을 들여 얻은 결과였는데도 가장 기본적인 부분을 놓쳤다는 점입니다. 세계적인 수준의 전문가들도 어려워하는데, 과연 단 며칠의 기업교육 정도로 서비스 디자인을 배운 대기업의 현직자들이 제대로 이 방법론을 이해하고 수행하여 업무에 활용할 수 있을까요? 아마도 어려울 것이라고 생각하게 되었지요.

두 번째로는, 바라는 모습, 즉 이상보다는 '문제' 그 자체에 포커스를 맞춰야 한다는 것을 이해하게 되었습니다. 문제를 명확히 이해하고, 현재 시점에서 최적화된 솔루션을 생각하고 발굴하는 것이 기획의 몫입니다. 고객이 생각하는 솔루션은, 실제로 문제를 해결하는 데 도움이 되지 않을 수도 있습니다.

세 번째로는, 진정한 '관찰'이 무엇인지 생각해보는 기회가 되었습니다. 가장 흔하게 쓰는 조사 방법인 설문이나 FGI를 통해 사람들에게 '이제까지 어떤 방식으로 행동해왔는지'를 물어보면, 대다수는 무엇인가 '표준화되고 좋아 보이는 형태'로 이야기를 합니다. 때문에 오류가 생기지요. 그리고 '앞으로 무엇이 필요할 것 같은지, 무엇이 있으면 좋겠는지, 어떻게 해주면 좋겠는지'를 물어보면, 대다수는 잘 모르기 때문에 아무 말이나 합니다. 어디선가 들어봤거나, 왠지 멋있어 보이는 말들을요. 저는 이후 이런 대답들은 대체로 쓸모 없는 결과라고 믿게 되었습니다.

이런 조사보다는 아무도 지켜보지 않는 상태에서, 남들의 시선을 의식하지 않는 날것의 상태로 자유롭게 행동하는 사람들을 관찰하며 거기에서 보여지는 특이한 행동을 발견하는 데 집중하게 되었습니다. 왜 그런 행동이 나왔는지 파악하는, 어쩌면 시간과 노력이 많이 들어가고 지루할 수도 있는 이러한 작업들이 진정한 의미의 '관찰'이라고 볼 수 있습니다. 당연히 더 유용한 결과값을 제공하기도 할 테고요.

물어보기보다는, 직접 반응을 봐야 한다

대다수 IT업계에서는 다양한 방법으로 지속적인 테스트를 시행해 조금씩 서비스를 개선해 나갑니다. 물리적인 제품을 생산할 필요 없이, 디자이너와 기술자의 작업만으로도 화면을 조금씩 다르게 제공할 수 있다는 특징 덕분에 가능한 방식이지요. 정말로 타깃 고객에게 환영받을 수 있는 제품이나 서비스를 만들고자 한다면 가장 단순하고 쉬운 형태로 만들어 직접 고객의 반응을 보는 것이 좋습니다.

그림 6 IT업계에서 주로 사용하는 AB테스트 사례

AB테스트란, 전체 사용자에게 같은 화면을 제공하기보다는 전체 사용자를 나누어 각기 다른 화면을 제공해 실제 반응을 보는 방식입니다. 우리가 빈번하게 사용하는 네이버, 카카오 등 IT 플랫폼 서비스들은 항상 사용자들은 눈치채지 못할 미묘한

정도의 AB테스트를 진행하고 있다고 보아도 무방합니다. 민감한 분이라면, 친구와 내가 보는 화면이 조금 다르다는 사실을 인지한 적도 있을 것 같고요.

새로운 시장을 위한 서비스나 플랫폼은 이전에 없던 것이기에, 이렇게 직접 서비스를 제공해서 사용자의 반응을 추적할 수밖에 없습니다. 기획·개발하는 담당자들이 아무리 좋을 것이라 가정한다 해도, 그것은 가정일 뿐, 실제로 사용자에게 제공했을 때 어떤 반응을 이끌어낼지 알 수 없습니다.

이러한 AB테스트 외에도 다양한 방법론으로 시장조사가 어려운 영역에 대해 학습해볼 수 있습니다. 이 내용은 책의 뒷부분에서 다시 한 번 다루도록 하겠습니다.

새로운 시장을 더욱 그럴 듯하게 만드는
'기획자의 눈'

인류의 특기는 진일보

앞서 말씀드린 것처럼 낡은 시장은 좀 촌스럽고 불편할지는 몰라도, 익숙하고 평화롭습니다. 그렇다면 왜 우리는, 시간과 노력을 들여 사람들을 관찰하고, 익숙해지기를 거부하는 사용자들에게 시간을 들이며 낡은 시장을 새로운 시장으로 바꾸고자 노력하는 것일까요? 돌이켜 보면 역사에서 그 이유를 찾을 수 있습니다.

역사라는 것이 태동한 이래, 인류사는 언제나 진보해왔습니다. 계급은 붕괴하고, 차별은 극복하고, 환경 파괴를 멀리하고 자연과 더불어 살아가고자 하는 방향으로 진일보해왔지요.

이 모든 것은 한 사람 한 사람, 그리고 동물과 자연 모두에게 더 '만족스러운 삶'을 누리게 하고자 하는 의지의 구현이기도 합니다. 세상은 복잡하고 거대하며, 너무 많은 문제를 가지고 있기 때문에 한 번에 유토피아가 될 수는 없었지만 수세기에 걸쳐 조금씩, 더 나은 방향을 향해 나아갈 수 있었습니다.

100년 전에는 별 고민 없이 벌였던 전쟁을, 100년 후 오늘의 사람들은 최선을 다해 막으려 합니다. 전쟁의 끔찍함과 고통을 겪어봤기에 어찌되었든 그러한 비극을 반복하지 않으려 노력하고 있습니다. 어쩌면 100년 후에는 지금 이 시대에 이루어지고 있는 많은 일들을 '나쁜 일'로 정의할지도 모릅니다. 예를 들면, 자연 파괴 같은 것들을 말이지요.

이렇게 시간의 단위를 수백 년에서 수천 년으로 늘려보면, 거대하고 어려워 보이는 일들도 반드시 해결이 됩니다. 우리가 살고 있는 이 시대를 10년에서 20년 단위로 좁혀서 바라보면 우리가 바꿀 수 있는 '낡은 시장'을 무수히 많이 발견할 수 있습니다. 그럼 대체 어떤 시장을 '낡은 시장'이라고 정의하고 이를 바꾸기 위해 노력해야 할까요?

기획자는 모든 것에 딴지를 걸어야 한다

잠시 이해를 돕기 위해 예를 들어보겠습니다. 우

리가 사랑하는 디즈니 애니메이션에는 공주님과 왕자님이 등장합니다. 그들이 사는 성은 거대하고 아름다우며, 수백 명의 시종이 공주님과 왕자님의 즐거운 하루하루를 위해 애쓰지요. 그리고 공주님과 왕자님은 사랑에 빠지는 일을 인생 최대의 미션으로 삼고, 이를 성취하고 나면 행복하게 여생을 살아간다고 합니다.

저도 이런 콘텐츠를 좋아합니다. 왜냐하면 그 이야기 속에는 극복 가능한 고난과 역경만이 있으며, 주인공들이 사랑이라는 성취를 이루고 나면, 성숙한 해피엔딩을 맞이할 것이란 걸 아니까요. 만약 기획자의 눈으로 이 풍경을 본다면 어떨까요?

왜 공주님과 왕자님만 편하게 살지? 성 안의 시종들도 다 함께 편하게 살 수는 없을까?

하지만 시종이 시종을 두려면 돈이 많이 들겠지? 조금 더 저렴하게 시종도 시종을 둘 수 없을까?

시종들이 일을 하지 않으면 저 일은 다 누가 하지? 저 일들을 더 쉽고, 편하고, 빠르게 끝낼 수는 없을까?

기획자의 눈에 비친 이 장면은, 문제투성이의 '낡은 시장'이 됩니다. 이러한 문제제기를 2021년의 오늘에 맞추어 시종들 대신 똑똑한 가전제품이 문제를 해결하도록 할 수 있습니다. 공주님과 왕자님이 사는 성에는, 로봇청소기가 청소를 하고, 인공지능 집사가 관리를 하며, 주방에서 쿠킹 로봇과 기계들이 재료를 다듬고 요리를 하고 있습니다. 이제 시종들도 산책을 하고, 운동을 하고, 놀이를 하며 즐거운 시간을 보내고 있습니다. 이렇게 보면 또 평화로워 보일까요? 얼마간은 새로운 시장이 모든 문제를 해소한 듯 보이겠지만 여기에서도 많은 문제들이 발견됩니다.

전자기기들이 시종들만큼 똑똑하게 공주님, 왕자님을 편하게 해줄 수 있을까? 기술적으로 완벽하지 않다면, 누군가 관리해야 하지 않을까?

그럼 시종들은 이제 무슨 일을 해서 돈을 벌 수 있을까? 전자기기를 관리하는 사람이 되어야 할까? 아니면 원격으로 (remote) 또는 파트타임으로 일할 수 있는 기회들이 더 많아져야 할까? 그것도 아니라면 나라에서 기본소득을 보장해줘야 할까?

궁 안의 살림들은 해결한다고 하더라도, 외부와 연결되는 일들은 어떻게 해야 할까? 예를 들면 쓰레기를 버린다거나, 식료품을 사온다거나 하는 일은 어떻게 처리하지?

전자기기들이 너무 비싸지 않을까? 조금 더 저렴하게 필요한 기능만으로 구성되도록 만들 수 없을까?

잠시 예를 들어보았지만, 디즈니의 한 장면을 가지고도 수많은 문제와 꼬리에 꼬리를 무는 질문들을 끌어낼 수 있습니다. 그리고 이 문제와 질문들은 왠지 복잡해 보입니다. 어렵고도 혼란스러워 보이지요. 그래서 낡은 시장은 그대로 낡은 시장으로 남아 있는 경우가 많습니다. 이러한 어렵고도 복잡한 문제와 질문들을 해결해야만 새로운 시장이 탄생할 수 있을 것입니다.

> 따라서 더 단순해지려면 복잡함을 제거해야 한다. 하지만 제품을 이해하는 데 필수적인 본질적인 복잡함은 포기하면 안 된다. 때로는 복잡함도 필요하다. 우리의 과제는 복잡함이 혼란스러움이 되지 않도록 복잡함을 다스리는 것이다.
>
> —《도널드 노먼의 UX 디자인 특강》[7] 중에서

그리고 이런 과정을 여러 번 반복하면 반복할수록 현 시점에서 실행 가능한 수준의 해결책들로 구성된, 낡은 시장이 아닌 조금 더 만족스러운 새로운 시장이 정의될 수 있습니다.

7 도널드 노먼 지음, 범어디자인연구소 옮김, 유엑스리뷰, 2018, p.93

만족스러운 서비스를 만드는 조건

편리해야 한다

여러 번 언급되었듯이 낡은 시장이 새로운 시장으로 바뀌기까지는 많은 시간과 노력이 들어갑니다. 그렇기 때문에 그러한 수고가 아깝지 않을 만큼 새로운 시장이 가치 있어야 하겠지요. 그리고 그 '가치'라는 것은 세상이, 그리고 가능한 많은 사람들이 조금 더 나은 삶을 살 수 있도록 하는 일일 테고, 이 책은 이를 '만족스럽다'는 형용사로 표현하고자 합니다. 여기서부터 이 '만족스러움'을 몇 가지 구체적인 평가기준으로 다시 분류해보겠습니다.

새로운 시장은 편리해서 만족스럽습니다. 이렇게 이야기하면 반발하실 분들도 많을지 모르나, 시장을 바꾸기 위해 절대로 잊지 말아야 할 명제 중 하나는 '인간은 기본적으로 게으르다'는 사실입니다. 인류의 역사를 돌이켜보면, 굳이 개인의 편안함과 안락함을 포기하고 봉사하는 삶을 살았던 분들을 '위인'으로 평가하는데, 그 이유는 이런 선택을 하는 것이 몹시도 어렵기 때문일 것입니다. 이렇게 특별히 인성적으로 훌륭한 분들이 아니고서는, 누릴 수 있는 만큼의 최대 편익을 누리기를 바라는 게 인간의 기본 욕구입니다.

2015년 출시한 카카오택시를 생각해봅시다. 그 전에도 우리는 택시를 이용하고 있었습니다. 길가에 나가서 손 흔들며 택시를 잡거나, 콜택시 업체에 전화를 해서 예약을 하거나 하는 방법으로요. 길가에서 택시를 잡을 때는 운이 좋으면 금방 잡을 수도 있었고, 아니라면 한참을 기다려야 했습니다. 비가 오는 궂은 날이면 물벼락을 맞기도 했고, 또 겨우 잡아서 탔는데 종착지가 가깝거나 또는 너무 멀다며 승차거부를 당했던 기억도 있습니다. 그리고 콜센터로 전화를 하면, 내가 있는 곳이 어디인지, 도착해야 할 곳이 어디인지를 말로 설명해야 했습니다. 명확한 주소가 있다면 괜찮겠지만 아닌 경우에는 한참을 설명해야 했지요. 그러다 카카오택시가 출시되며, 우리가 택시를 이용하는 모습이 많이 바뀌었습니다. 훨씬 더 편하고, 빨라졌지요. 물론, 카카오택시와 관련된 사회적 이슈나 사용상 문제들이 나타나기도 했지만, 새로운 시장이 시작될 때 피할 수 없는 적응의 과정이라고 볼 수 있을 듯합니다.

2020년 코로나 바이러스로 주목을 받은 마켓컬리를 생각해볼까요? 2000년대 초반부터 여성의 사회진출에 대한 문제의식은 꾸준히 있었지만, 현실적으로 워킹맘을 도와줄 수 있는, 나아가 맞벌이 부부의 행복감 증대에 도움을 줄 수 있는 상품이나 서비스는 그다지 기억나는 것이 없습니다. 간편식품들이 많이 출시되긴 했지만, '건강하게 맛있는 음식을 먹고 싶은 욕구'까지는 채워주지 못했지요. 식품이라는 게 '신선도'가 무엇보다 중요하다 보니, 일주일에 5일은 일터에 나가야 하는 맞벌이 부부들에게는 필요한 때에 신선한 재료를 구입하는 것도, 그 재료들로 요리를 해먹는 것도 모두 꿈만 같은 일이었습니다. 마켓컬리는 이를 현실화했습니다. 전날 밤 주문하면, 다음 날 아침 깔끔하게 포장된 신선한 식재료와 요리들을 문 앞으로 보내줍니다. 바로 조리만 하면 되는 밀키트는 요리 시간을 획기적으로 단축시켰습니다.

이렇듯 낡은 시장의 핵심적인 문제를 해결하는 방법 중에 가장 파급력이 큰 부분은 어떻게 보면 편리함일지도 모릅니다. 물론 편리함의 대가가 너무 비싸다면 무용하겠지만, 적당한 비용에 이 편리함을 누릴 수 있도록 해준다면 정말로 만족스러운 새로운 시장을 열어줄 수 있겠지요.

저렴해야 한다

———

　　새로운 시장은 저렴해서 만족스럽습니다. 더 낮은 가격에 더 많은 사람들이 누릴 수 있습니다. 기술을 기반으로 변화하는 시장의 가장 큰 특징은, 소수만 누릴 수 있던 종류의 라이프스타일을 대중화할 수 있도록 비용을 낮춘다는 점입니다.

　요즘은 스마트폰 하나만 있으면 배달음식을 주문하고, 가사도우미를 부르고, 세탁물을 맡기고 회수하며, 육아도우미를 부를 수 있습니다. 몇 년 전까지만 해도, 이 모든 서비스들은 월 단위로 가정 내 도우미를 고용할 수 있는 부유한 사람들에게나 가능한 일들이었습니다. 그러다가 스마트폰이 등장하자, 사람과 사람 사이를 연결할 수 있게 되었습니다. 나아가 전혀 모르는 타인과 신뢰도를 확인할 수 있게끔 지원할 수 있게 되었습니다. 우리가 흔히 사용하는 '페이스북'은 지인과의 연결고리를 확인할 수 있게 됨으로써 약한 강도의 신뢰 수준을 확보할 수 있게 했고, '링크드인'은 직장인들의 경력과 함께 일했던 이들의 평가를 함께 확인할 수 있도록 했습니다. '당근마켓'은 사용자들의 이력을 바탕으로 '매너온도'를 제시하며 신뢰도 지표를 마련했습니다. 이를 통해 우리는 꼭 필요할 때만, 비교적 신뢰할 수 있는 사람에게 도움을 요청할 수 있게 되었습니다. 한 달 동안 가정도우미를 부르지 않아도, 필요할 때 몇 시간 도움을 받을 수 있게 된 것이지요.

그리고 이렇게 저렴하게, 시간 단위로 서비스가 쪼개질 수 있었던 것은 단순히 기술 때문만은 아닙니다. 기술이 있기 전에 해소되지 못했던 '필요'가 있었고, 이를 적절한 기술을 활용해 충족시켜줄 수 있었던 것이지요.

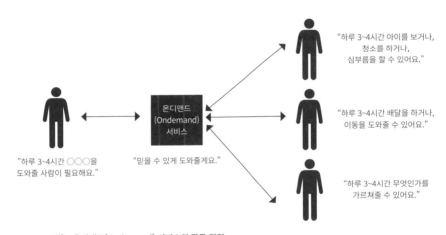

그림 7 온디맨드(Ondemand) 서비스의 작동 원리

이러한 구조의 서비스들은 사용자가 부담해야 하는 비용을 전체적으로 낮춰줍니다. 누군가 필요로 할 때 필요한 사람을 연결해줌으로써 신뢰할 수 있을지 확인하기 위해 사전 검증에 들어가는 시간과 비용을 낮춰주고, 불필요한 시간을 사용하지 않게 함으로써 추가로 소요해야 하는 시간과 비용까지 낮춰줍니다. 또 서비스를 제공하는 측의 입장에서는, 여유 시간을 원

하는 방식으로 활용할 수 있어 생산성을 높일 수 있습니다.

그렇지만 이러한 모델이 작동하려면, 우선 양쪽 모두 서로를 신뢰할 수 있어야 합니다. 지금이야 여러 플랫폼을 통해 과외선생님이나 가사도우미, 대리운전기사 등을 찾지만 이러한 서비스가 없었던 예전에는 주변 지인들을 통해 믿을 만한 사람을, 정말로 능력이 검증된 사람들을 찾곤 했습니다. 사람에 의해 타인 간의 신뢰도가 확보되기 위해서는 여러 과정과 절차, 장치가 필요합니다. 실제로 온디맨드 서비스의 경우 기술을 바탕으로 이 복잡한 문제를 해결하고자 다양한 방법들을 사용합니다. 이렇듯 기존의 낡은 시장은 기술의 도움을 받아 시간 단위로, 필요와 목적에 따라 서비스가 잘게 쪼개짐으로써 더 저렴해질 수 있습니다.

품질이 좋아야 한다

새로운 시장은 더 품질이 좋은 상품이나 서비스를 제공하기에 만족스럽습니다. 기술을 기반으로 변화하는 시장은 고품질의 서비스를 누구나 누릴 수 있도록 합니다. 그런 의미에서 교육시장에 꼭 필요한 개념이라고 생각합니다. '평등'은 철학이나 정치적인 관점에서 '교육'과 멀어질 수 없습니다. 모든 사람이 교육과 기회의 평등을 가져야 한다는 말에 반박하는 사람은 없을 것입니다. 그럼에도 기존의 낡은 시장에서 교육은 매우 분명하게 불평등한 영역이었습니다. 좋은 선생님은 소수였고, 평등한 교육의 기회를 누려야 할 아이들은 수를 헤아리기 어려운 다수였기 때문이지요.

제4차 산업정보혁명으로 일컬어지는 변화의 중심에는 인공지능이 있습니다. 인공지능은 기계가 스스로 학습하고 판단해 사람과 같은 사고를 할 수 있는 개념과 기술을 의미합니다. 앞서 말했던 것과 같이 '좋은 사람 선생님'은 한정되어 있겠지만, '좋은 인공지능 선생님'에는 어쩌면 제한이 없을지도 모릅니다. 그리고 이런 관점에서 인공지능 기술을 교육에 활용하고 있는 이들이 있습니다.

2017년 5월 서비스를 출시한 콴다(매스프레소)는 수학공부에 인공지능 기술을 활용하고 있고, 2016년 1월 서비스를 출시한 산타토익(뤼이드)은 토익공부에 인공지능 기술을 활용하고 있습니다. 수학과 영어는 대다수의 사람들에게 고질적으로 어려운 영역이면서, 특히나 맞춤형 교육이 필요한 영역입니다. 때문에 좋은 선생님과의 1:1 과외가 가장 빠르고 효율적으로 성과를 높일 수 있겠지만, 그 비용을 감당할 수 있는 사람들은 한정되어 있기도 합니다.

콴다는 좋은 인공지능 수학 선생님을 더 많은 학생들이 만날 수 있도록 서비스를 구상했습니다. 학생들이 수학 공부를 하다가 모르는 문제를 만나면, 스마트폰으로 사진을 찍어 올리기만

하면 됩니다. 그러면 먼저 인공지능 선생님이 비슷한 문제를 찾아 풀이 방법을 알려줍니다. 그래도 해결되지 않는 1퍼센트의 문제들은, 정말 훌륭한 수학 선생님이 직접 가르쳐줍니다.

| 카메라 실행 | 문제를 촬영해 검색하고 싶은 부분만 보이도록 영역 설정 | AI가 사진 속 문제를 인식, DB에서 문제 검색 | 검색 결과로 풀이 확인 |

그림 8 콴다 서비스에서 수학 문제를 공부하는 방법

뤼이드는 비슷한 접근으로 토익공부를 효율적으로 돕기 위해 산타토익을 기획했습니다. 학생들이 산타토익으로 문제를 풀면, 우선 정답과 오답을 판별합니다. 그리고 어떤 문제에서 시간이 얼마나 걸렸는지, 인공지능 기술을 활용해 어떤 종류의 문제를 계속해서 틀리고 맞추는지 패턴을 파악합니다. 이렇게 학생 개별의 학습 수준을 예측해 맞춤형 문제를 제공합니다.

이렇듯 모든 학생들에게 좋은 선생님을 붙여줄 수 없을지 몰라도, 좋은 선생님이 해야 할 중요한 역할의 일부를 기술에

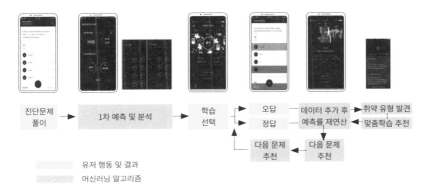

				데이터 추가 후	취약 유형 발견
진단문제 풀이	→ 1차 예측 및 분석 →	학습 선택	→ 오답	예측률 재연산	맞춤학습 추천
			→ 정답		

| 다음 문제 추천 | ← 다음 문제 추천 |

유저 행동 및 결과
머신러닝 알고리즘

그림 9 산타토익에서 토익 공부를 하는 방법

맡겨볼 수는 있습니다. 그리고 이러한 시도를 통해 좀 더 높은 품질의 교육이 더 많은 학생들에게 제공될 수 있을 것이라고, 기분 좋은 상상을 해볼 수 있겠지요.

조금 다른 접근이기는 하지만, 기술을 이용해 교육 제공자와 수혜자 간의 거리를 좁혀주고, 비용을 낮춰주는 교육 서비스도 있습니다. 바로 앞 챕터에서 설명한 '저렴하다'는 개념과도 유사해 보이는데요. 2017년 서비스를 시작한 링글(링글잉글리시에듀케이션서비스)은, 화상으로 미국과 영국의 현지인 튜터와 영어 회화 수업을 진행할 수 있도록 서비스를 제공하고 있습니다.

영어회화는 한국인들에게 풀기 힘든 인생의 숙제처럼 여겨지기도 하는데요. 이전에는 실제 영어권 국가로 연수를 가거나, 혹은 국내에 거주하는 외국인 선생님으로부터 영어회화 수업을 들을 수밖에 없었습니다. 실제 연수를 가자면 시간과 비용이 과하게 드는 문제 외에도, 특히 실전 영어가 필요한 직장인들의 경우에는 생업을 제치고 교육 환경을 구축하기가 거의 불가능하다는 치명적인 문제가 있었습니다. 또 한국에 거주하는 외국인 선생님들의 경우, 튜터링 실력에 대한 논란이 지속적으로 있어왔고, 한국생활을 오래한 일부 외국인의 경우에는 한국식 영어와 발음에 익숙해져 실전형 교육상황을 만들어주지 못하는 경우도 있었습니다.

링글은 앞서 언급했던 온디맨드 서비스의 일종으로, 영어권 국가에 있는 명문대 학생들과 국내의 영어회화 니즈가 있는 사람들을 연결하여 효율성을 높였습니다. 또 자체적으로 교육자료를 제작하고, 튜터링에 대한 가이드를 외국인 튜터에게 제공함으로써 교육서비스의 품질을 상향평준화하고 있습니다.

교육 분야처럼, 품질은 높이면서 비용은 저렴하게 만드는 방식으로 새로운 시장이 될 수 있는 영역들이 있습니다. 다른 분야보다 더 많은 사람들에게 이롭다는 점에서 더욱 의미가 깊습니다.

친절해야 한다

새로운 시장은 더 친절하기에 만족스럽습니다. 누구나 두려움 없이 더 쉽고 친근하게 다가갈 수 있도록 하고,

그래서 사용자 스스로 조금 더 똑똑하다고 느낄 수 있도록 해줍니다. 좋은 선생님은 아이들이 잘 모르는 부분에 대해서 이해하기 쉽게, 아이의 눈높이에서 설명해줍니다. 마찬가지로 좋은 서비스는 사용자가 반드시 알아야 하는 정보를 친절하게 알려줍니다.

최근 20~40대 여성을 중심으로 점점 더 인기를 얻고 있는 중고거래 서비스가 있습니다. 당근마켓은 2015년 '판교 직장인을 위한 중고거래' 서비스로 시작했다가 서비스 지역을 전국으로 확대하며 명칭도 '당근마켓(당신 근처의 마켓)'으로 변경했습니다. 당근마켓 이전, 중고거래는 남성 중심의, 일단 의심을 해봐야 하는 어려운 거래로 인지되곤 했습니다. 중고물품이라는 핵심 속성에 집중하다 보니, 상품의 다양성 확보를 위해 가능한 많은 사람들을 끌어들여야 했습니다. 대체로 사용자 간 물리적 거리가 멀었기 때문에 택배 거래를 할 수밖에 없었고, 사기에 노출되기 쉬운 구조였지요.

이런 상황에서 당근마켓은 거래의 범위를 우리 동네로 좁혔습니다. 희소하고, 특이한 물건을 중고거래하긴 어려울지 몰라도 일상적으로 생활에서 사용하는 물건들을 거래하기에는 '우리동네에서 직접' 하는 게 훨씬 편하고 안전해 보였을 듯합니다. 무엇보다 당근마켓은 '안전하고 친근한' 문화를 조성하기 위해 서비스의 디자인과 사용자에게 설명하는 언어도 매우 친절하고 부드럽게 만들었습니다. 그리고 사용자가 간 신뢰도를 높이는 데 도움을 줄 수 있도록 거래이력 기반의 신용정보(매너온도)를 제공했고, 이상하거나 문제가 있어 보이면 여러 사용자의 의견으로 '신고'하거나 '차단'할 수 있는 기능을 제공함으로써 자체적인 정화작용을 유도했습니다. 이런 노력들을 바탕으로 당근마켓은 IT서비스에 익숙하지 않은 20~40대 여성층을 주요 고객으로 끌어들일 수 있었고, '중고거래 플랫폼'이라기보다는 '우리동네 플랫폼'을 지향하며 성장하고 있습니다.

다음으로 토스, 카카오페이, 뱅크샐러드 등 핀테크 서비스를 생각해볼 수 있습니다. 우리나라가 금융서비스 영역에 있어서는 매우 친절하고 잘 발달되어 있다고는 하지만, 공인인증서 등의 규제로 사용상 불편함이 있었습니다. 그리고 각 은행이나 카드사에서 내 사용이력을 보자면 번거롭게 개별적으로 접속해 하나하나 확인해보아야 했습니다. 2015년을 기점으로 시작돼 2017년 즈음부터 익숙해지기 시작한 핀테크 서비스들은, 비밀번호 하나로 송금·결제가 가능하게 만들어 기존의 금융서비스를 조금 더 편하게 사용할 수 있도록 했습니다. 또 개별 은행이나 카드사의 정보들을 한 번에 모아 확인할 수 있도록 해줌으로써 사용자들로 하여금 조금 더 편하게 전체적인 금융 상태를 조망할 수 있게 해주기도 했지요. 사실, 풍성한 정보에 조금 더 접근하기 쉽게, 이해하기 쉽게 만들어주는 것만으로도 사용자를 더 똑똑하게 만들어줄 수 있습니다.

예를 들면, 2000년대 초반 국내에서는 신용카드 대란으로 대학생이 신용불량자가 되는 일이 많았습니다. 이제 갓 고등학교를 졸업하고 대학생이 된 젊은이들은, 용돈생활자였다가 갑자기 신용을 이용해 큰돈을 마음대로 이용할 수 있게 되었지요. 이후 닥칠 문제들에 대해 제대로 알지도 못한 채 일단 흥청망청 돈을 썼고, 카드 대금을 갚지 못했고, 신용불량자가 된 것이었습니다. 이때 만약, 대학생들이 신용카드의 신용 거래가 곧 빚이며, 아주 먼 미래가 아닌 당장 다음 달에 갚아야 하는 것이고, 이번 달 내 수입으로는 지출을 갚기 어려운 수준이라는 점을 쉽게 알 수 있었더라면 어땠을까요? 신용불량자가 되기 전에 그에 대한 두려움을 느끼고, 제어하고, 대비할 수 있지 않았을까요?

이렇듯 중고거래나 금융처럼 특히 정보가 중요하고 그로 인한 사소한 실수의 영향이 큰 영역에서는 많은 정보를 이해하기 쉽게 제공하는 것만으로도 사용자의 실수를 줄이고, 스스로에게 더 도움이 되는 방향으로 행동하도록 유도할 수 있습니다.

자유로워야 한다

새로운 시장은 사람을 조금 더 자유롭게 하기에 만족스럽습니다. 많은 정보를 편리하게, 저렴하게, 친절하게 제공함으로써 사용자들이 더 많은 자유를 누릴 수 있도록 해줍니다. '소수의 이해관계자'에 의해서 지속되던 낡은 시장에서는 알려지지 않은 부분들이 너무 많습니다. 그렇기 때문에 어렵고 번거로워서, 불필요한 소비인 줄 알면서도 이용할 수밖에 없는 경우들도 있었지요.

결혼준비를 할 때 누구나 접했을 용어, '스드메'가 있습니다. 인생에 한 번뿐인 이벤트, 결혼식을 준비할 때 꼭 이용해야 하는 서비스인데요. 스튜디오 촬영을 하고, 드레스를 대여하고, 메이크업을 받는 과정을 묶어 일반적으로는 웨딩플래너들이 서비스를 제공했습니다. 문제는, 웨딩플래너라는 1인 사업자가 제휴한 업체와 커버할 수 있는 업무의 범위는 한정적이다 보니 정보의 비대칭이 존재했으며, 그 가격이 베일에 싸여 적정 가격을 정확히 알 수 없었다는 점입니다.

'웨딩북(하우투메리)'은 결혼 과정에 필요한 모든 정보를 가능한 대로 모아, 사용자들이 직접 판단할 수 있도록 하는 플랫폼을 기획했습니다. 실제 이용자들의 후기와 정가 가격을 노출하면서 최대한 많은 정보를 공개하는 방식을 택했고, 정보가 공개되는 인터넷 문화에 익숙한 20~30대 젊은 예비 신랑신부로부터 환영받고 있습니다.

비슷한 방법으로 건강이라는 영역에 접근한 서비스도 있습니다. 2018년 10월 서비스를 오픈한 '착한의사(비바이노베이션)'는 건강검진 기록을 기반으로 인공지능 문진을 시도해, 발병 가능성이 높은 질병을 예측하고 추적검사에 좋은 병원과 비용을 추천해줍니다. 지인 중에 의사와 변호사는 한 명쯤 반드시 있어야 한다는 말이 있을 정도로 의료 정보는 비대칭이 심각한 영역인데요. 아직 여러 이유로 의료의 많은 영역에서 새로운 시장이 만들어지지는 않았지만, 앞으로 의료 서비스에 대한 정보가 더 많이 공개되어 합리적으로 이용할 수 있게 될 거라고 생각합니다.

일반적으로 대학 교육까지 수료하고 사회생활을 시작하면 또 다른 배움의 시기를 맞이하게 됩니다. 단순한 취미가 될 수도 있고, 넥스트 커리어를 위한 준비 때문일 수도 있지요. 예전에는 정말로 열심히 노력하는 사람들만이, 여러 루트로 정보를 수집해 공부도 하고, 시행착오도 겪으며 경험적 학습을 할 수밖에 없었는데요. 최근 '클래스101' 등 취미·커리어와 관련된 성인 교육 서비스를 제공하는 곳들이 늘어나며 다양한 분야의 학습에 조금 더 쉽게 접근할 수 있게 되었습니다.

특히, 최근 FIRE족(Financial Independence Retire Early)이라고도 불리는 젊은 층들은 회사가 내 인생을 책임져주지 않는다는 사실을 부모세대를 보며 경험으로 배웠습니다. 그래서 끊임없이 살아남을 궁리를 하고, 새로운 길을 모색하는 데 익숙합니다. 그러다 보니 이제까지 익숙했던 학교 교육에 해당되지 않는, 조금 더 실용적인 실전 교육에 관심이 많습니다. 이는 과거 대비, 개인사업자의 진입이 더 쉽고 다양해진 현 시대의 상황에 따라 자연스럽게 나타난 현상 같기도 합니다. 학교에서는 인스타그램이나 유튜브를 운영해서, 네이버나 아마존에 물건을 팔아 돈을 버는 법을 배울 수 없지만, 이런 실전교육 플랫폼에서는 현재 성공적으로 자기 일을 하고 있는 사람들의 숨은 노하우와 시행착오를 쉽게 배울 수 있습니다.

이렇듯 새로운 시장은 누군가 폐쇄적으로 가지고 있던 정보를 공개하고, 알기 쉽게 함으로써 사용자들을 더 똑똑하게 하고, 더 자유롭게 합니다.

이제까지 시장을 만족스럽게 하는 네 가지 관점을 살펴보았습니다. 새로운 시장이 되기 위해서는 이 네 가지 중 최소 한 가지는 매우 명료하게 나타낼 수 있어야 합니다. 편리하거나, 저렴하거나, 품질이 좋거나, 더 많은 정보를 제공함으로써 사용자를 자유롭게 해야 합니다. 이 네 가지 관점을 매우 조직적으로 풍요롭게 담고 있을 때, 그 새로운 시장은 정말로 꼭 필요하고 의미 있는 시장이 될 수 있겠지요.

3장

우리가 낡은 시장의
함정에 빠지는 이유

주류 시장이 빠지는 함정

거대 기업들이 단숨에
시장에서 퇴출되는 이유

프롤로그에서 설명드린 것처럼 주류 기업과 신생 기업의 거대한 지각 변동은 1980~1990년대에 빈번하게 일어나기 시작했습니다. 1990~2000년대에 이에 대한 연구들이 진행되었으며, 오늘날 많은 기업들은 이로부터 탄생한 다양한 방법론을 학습하여 시장을 통째로 잠식당하는 참사를 피하고자 애쓰고 있습니다.

경영의 교과서로 불리는《혁신기업의 딜레마》의 클레이튼 크리스텐슨은 '존속적 기술'과 '파괴적 기술'로 주류 기업과 신생 기업 간의 전복 현상을 설명했습니다. 존속적 기술은 주류 기업이 보유하고, 평화롭게 유지되고 있는 시장의 기술을 의미합니다. 점진적으로 조금씩 발전하게 되지요. 그러나 이러한 점진적인 기술 발전은 이미 존재하는 낡은 시장을 더 고급화하는 방향으로밖에 변화하지 못합니다. 실제로 시장에서는 이를 원하지 않을 수도 있는데 말입니다.

반면에 파괴적 기술은, 존속적 기술의 하위호환과 유사한 기술로서 등장하곤 합니다. 점진적으로 점차 하이엔드 되어가던 존속적 기술에서 무엇인가 핵심이 되는 것을 더 저렴하고 실용적인 방식으로 단순화하는 것이지요. 이때, 주류기업에서는 존속적 기술의 수익이 매우 중요하기 때문에 이를 감소시킬 수 있는 파괴적 기술을 제대로 인정하지 않습니다. 애써 외면한 채, 계속해서 주류 시장이 유지될 것이라는 믿음으로 존속적 기술을 점진적으로 발전시킴은 물론, 내심 파괴적 기술의 성장을 방해하려는 시도도 합니다.

그리고 이러한 의사결정은 사업을 추진하고 진행하는 모든 과정에서 '옳다고 믿는' 판단에 기반하여 이루어집니다. 참 아이러니한 말이지요? 쉽게 말하면, 존속적 기술이 회사를 먹여 살리고 있기 때문에, 그 회사의 일부로서 이 존속적 기술을 옹호하는 관점에서 시장조사나 제안이 이루어지고, 이미 경영자들이 의사결정을 내리는 데 활용되는 기반 정보들은 파괴적 기술을 무시하는 형태로 나타날 수밖에 없다는 것이 클레이튼 크

어떤 일이든 변화에 너무 앞서도 실패하고, 너무 뒤쳐져도 실패하게 됩니다. 여러 시장을 공부하며 항상 고민했던 것은 과연 언제가 변화를 준비하기에 좋은 시기일까 하는 것이었는데요. 비슷한 아이디어로 비슷한 상품과 서비스를 개발해도 시점에 따라 승패가 갈리는 결정적 원인은 대체로 다음 세 단계를 살펴보면 알 수 있습니다. 앞서 소개한 가트너의 하이프 사이클을 조금 더 단순화했다고 보시면 됩니다.

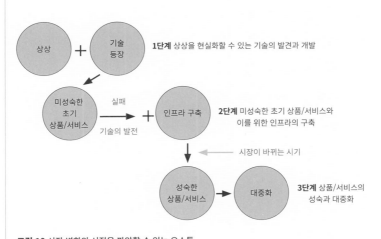

그림 10 시장 변화의 시점을 파악할 수 있는 요소들

리스텐슨의 주장입니다. 실제로 맞는 말이기도 합니다.

그렇다면 왜 이런 현상들이 계속해서 발생하는 것일까요? 이미 피해야 할 함정들을 알고 있지만 이를 피하기가 어렵기 때문입니다. 머리로는 피하고자 해도, 마음으로는 더 편하고 쉬운 함정에 안주해버리는 것이지요.

1900년대 초에 쓰여진 SF소설을 보면, 사람과 같이 생각하고 감정을 느끼는 로봇과 하늘을 나는 자동차, 타임머신 등 재미있는 기술적 요소들이 등장합니다. 오랜 옛날부터 전해지는 동화에도 마법같은 현상들이 기록되어 있지요. 시간이 한참이나 흐른 현재 시점에서 돌아보면 그 모든 마법들은 오늘날 우리가 알고 있는 과학적 현상의 하나인 경우가 많고, 공상과학처럼 보였던 기술들의 초기 모습은 이제 우리 일상생활에서 쉽게 찾아볼 수 있습니다.

과학이나 기술에는 물리적 한계가 있을 수 있지만, 사람의 상상력에는 한계가 없습니다. 그래서 상상력을 기반으로 한 미래상이 먼저 그려지고 그로부터 인사이트를 얻은 과학자들이 실제로 활용할 수 있는 기술을 만들어내는 것은 어쩌면 당연한 수순입니다. 우연히 발견한 것이든, 새롭게 창조한 것이든, 삶의 모습을 크게 변화시키는 물리 법칙이나 전기 등의 기능은 의외로 단순명료합니다. 다만, 그 기술을 기반으로 다양한 활용법이 뒤따를 때 변화의 가능성은 무궁무진해집니다.

참고로 캐즘 이론에서는 초기 상품과 서비스의 시장 보급율이 16.5퍼센트 정도가 되는 시점이 바로 '캐즘의 골'이 생기는 시점이라고 합니다. 그리고 이 시점에 '인프라'가 얼마나 안정적으로 형성되어 있느냐에 따라 시장 안착에 성공하거나 또는 실패하게 된다고 볼 수 있습니다.

3장 우리가 남은 시장의 함정에 빠지는 이유

존재하지않는 시장을 개척하는데 지름길은 없다
: 시장조사

신사업에 있어 컨설팅이 지니는 한계

캐즘 그룹을 찾아오는 대부분의 사람들은 이보다 더 많은 것들을 알고 있다. 그들은 통계수치에서 필요한 대답을 얻지 못한다는 것을 인지하고 있다. 그렇다고 해서 정보가 적고 위험부담이 큰 결정을 내려야 하는 상황이 조금이라도 수월해지는 것은 아니다. 결국 그들도 당황한다.

—《제프리 무어의 캐즘 마케팅》[9] 중에서

9 제프리 A. 무어 지음, 윤성호 옮김, 세종서적, 2015, p.145

90년대 경영학을 전공한 최상위 엘리트들이 선호했던 직업 중 하나는 '전략 컨설턴트'였습니다. 그들은 신사업에 관심이 있는 기업의 요구에 따라, 새로운 신사업 분야에 대한 시장조사와 기업의 강점분석을 통해 새로운 시장 진입에 대한 타당성과 진입 전략을 제시하는 일을 주로 했습니다. 이들이 중요하게 고려했던 점은 아래와 같습니다.

첫째, '신사업'이란 해당 기업이 사업 부문에 대한 도메인 지식과 경험을 보유하고 있지 않은 영역을 말합니다. 그래서 전략 컨설턴트들이 네트워크와 빠른 시장조사 능력을 기반으로 해당 도메인에 대한 정보들을 이해하기 쉽게 제공하는 것이 중요했습니다.

둘째, 기업이 가진 강점과 약점을 고려해, 이 신사업을 정말로 잘할 수 있는지에 대해 검토하여 의견을 제시하는 것도 중요했습니다. 신사업의 도메인 지식과 경험, 그리고 노하우를 빠른 시간 안에 확보하여 추진할 수 있을지 혹은 그러기에는 너무 많은 리스크가 있지는 않은지 등을 기업으로서는 판단하기 어려웠으니까요.

셋째, 기업으로서는 '잠재적 경쟁사'들에 대한 정보를 얻기가 어려워 시장에서의 위치 판단을 하기가 어려웠을 것입니다. 신사업 추진에 관한 대외 정보를 기업으로서는 접근하기 어려울지 몰라도, '전략 컨설턴트'들은 제3자의 입장에서 다양한 네트워크를 통해 이를 대략적으로나마 판단하여 의견을 제시해줄 수 있었을 것입니다.

이러한 방식으로 전략 컨설팅이 성행하던 시기가 있었고, 당시에 이를 진행하기 위한 프로젝트 비용은 상상 이상으로 높았다고 들었습니다. 그러나 제가 일을 시작했던 2010년대에만 해도 전략 컨설팅에 대한 회의감이 많았고, 수요도 빠르게 줄고 있는 상황이었습니다. 그 이유는 무엇일까요?

첫째로 정보에 대한 접근이 훨씬 쉬워졌고, 인터넷 서비스 기반의 다양한 루트도 생겼습니다. 또한 대체로 폐쇄적이고 보수적이었던 제조업 중심의 대형 기업들에서 개방적인 문화를 보유한 정보기술업 중심으로 변화되었던 것도 큰 몫을 차지했습니다. 그 사이 '평생 직장' 개념도 사라지며 직장 이동도 활발해졌습니다. 물론, 회사의 핵심이 되는 기술들은 점점 더 엄격하게 관리되고 있지만 회사 내부의 분위기와 사업의 방향성은 이전보다 파악하기 쉬워졌습니다.

두 번째로 전략 컨설턴트들은 주로 학문적으로 뛰어난 역량을 보이는 사람들이라는 한계를 안고 있었습니다. 다양한 정보를 빠르게 습득하여 소화하고 이해해야 했고, 이를 또 클라이언트가 원하는 방향으로 재가공해 제안하는 데 특화된 사람들이었지요. 그러나 이들은 소위 말하는 '현장 경험'이 없는 이들이었습니다. 해당 신사업 도메인에 대해 학습할 수는 있었지만, 깊이 있는 사연들은 이해할 수 없었을 것입니다.

세 번째로 전략 컨설턴트들이 제안을 한다고 해도, 사실상 그 의미와 방향을 100퍼센트 이해하고 실행하기는 어려웠을 것입니다. 전략 컨설턴트들의 잘못인지, 기업의 잘못인지 알 수는 없지만 어쨌든 제안대로 실행했던 사업들은 대다수 실패하고 말았다고 합니다.

네 번째로 전략 컨설팅은 신사업에 대한 '청사진'을 그리는 작업입니다. 정말로 이것이 실현되는 모습을 보고 싶어한 사람들은 직접 창업을 하거나, 또는 초기의 스타트업으로 일컬어지는 '파괴적 기술'을 보유한 신생 기업들로 이동하곤 했습니다.

신사업 컨설팅 보고서는
잘 쓴 소설일 가능성이 높다

실제로 카카오톡을 기반으로 하는 카카오페이 서비스를 추진할 당시 타사가 글로벌 컨설팅펌에 의뢰해 받은 컨설팅 문서를 받아본 적이 있습니다. 그 문서를 꼼꼼히 읽어본 감상은 '사실에 기반하여 재구성한 소설 같아!'라는 것이었습니다. 당시 진행하던 프로젝트와 관련해 시장에 드러난 정보와 추측성 정보들이 혼재되어 있었고, 그 일의 배경이나 전략적 방향이 전혀 다른 방식으로 해석, 예측되어 있었습니다.

그렇다고 전략 컨설팅에 대해 완전히 부정하려는 것은 아닙니다. 이러한 과정을 거쳐 현재는 좀 더 해당 도메인에 깊이 있게, 그리고 기업에서 놓치고 있는 어떤 실마리를 잡는 방향으로 전략 컨설팅이 이루어진다고 합니다. 다만, 신사업에 있어 전략컨설팅 방식의 시장조사가 제대로 능력을 발휘하긴 어렵다고 생각합니다.

> 존재하지 않는 시장은 분석할 수 없다. … 따라서 경영자들이 파괴적 기술 변화에 직면해 적용할 전략 및 계획은 실행 계획이 아니라 학습 및 발견의 계획이어야 한다.
>
> —《혁신기업의 딜레마》[10] 중에서

이와 같이 존재하지 않는 시장에 대한 조사는 기본적으로 실제로 생각하는 바를 빠르게 시장에 선보이고, 고객과 시장의 반응을 확인하며 지속적으로 개선해 나가는 'Lesson&Learn' 방식으로 이루어져야 하다 보니, 외부자인 전략 컨설턴트가 이 시장을 미리 분석한다는 것은 어려운 일입니다. '새로운 시장'은 말 그대로 세상에 존재하지 않는 시장이기 때문에 관련 데이터가 없습니다. 새로운 시장을 기획하고 만들고자 하는 이들이 끊임없이 가설을 세우고, 작은 실행을 무수히 반복하고 확인하면서 데이터를 만드는 수밖에 없습니다.

아무리 천재적인 사람이라도, 존재할 수 있는 모든 경우의

10 클레이튼 M. 크리스텐슨 지음, 이진원 옮김, 세종서적, 2009, p.235

수를 놓고 수십 개의 스텝까지 모두 계획을 세울 수는 없습니다. 가장 중요한 한두 가지 가설부터, 이를 검증할 수 있는 방식으로 시장에 진입해 Go/Stop 결정을 내리고 지속적으로 새로운 가설과 검증 방법들을 고민하며 데이터를 만들어야 하는 것입니다.

만약 회사에서, 혹은 개인으로서 크고 작은 어떤 사업을 새롭게 시작하려고 할 때 시장조사를 한답시고 기존에 존재하는 시장의 추이를 보아서는 안 됩니다. 그보다는 우리 주변에 있는 문제와, 그 문제가 해결되지 않고 있는 이유, 그리고 그 문제와 밀접한 사람들이 보이는 양상 등을 깊이 있게 파악해야 합니다. 그리고 그로부터 도출한 다양한 해결 방법을 테스트해보아야 합니다.

새로운 시장을 위한 시장조사는,
낡은 시장의 희로애락을 이해하는 일

그렇다면 새로운 시장을 위한 시장조사에는 어떻게 접근해야 할까요? 새로운 시장의 방향성이나 계획들은 계속해서 수정해가며 확인을 거듭해야 합니다. 그러려면 그 전에, 낡은 시장을 매우 자세히 알아야 합니다. 낡은 시장을 자세히 알아야, 무엇을 바꾸고 변화시킬 수 있을지 Lesson&Learn

방식으로 접근해볼 수 있을 테니까요.

  카카오페이에서 프로젝트를 진행할 무렵, 결제·송금 관련하여 역할을 하는 각 사업자들의 수수료 체계가 매우 궁금했습니다. 한 번의 온라인 결제, 송금이 이루어지기까지 다양한 사업자들이 참여합니다. 보통 결제를 이용하는 사람들은 카카오페이나 네이버페이 등 간편결제 제공사, 또는 카드사나 은행 정도만 인지하곤 하지만 그 외에도 중간에서 여러 역할을 해주는 이니시스, 한국사이버결제와 같은 PG사들, 나이스정보통신이나 KICC와 같은 VAN사들, 그리고 국내 은행들의 시스템을 통합적으로 대행해주는 금융결제원 등 한 건의 결제 거래가 완결되기까지 최소 7~10개 사업자들이 참여하게 됩니다. 그들의 이익은 약 20여 년에 걸쳐 세분화되어 정의되어 있었고, 이것이 매뉴얼처럼 업계 내에서 통용되고 있었습니다. 과연 이 수수료 체계는 언제, 왜 이렇게 만들어졌으며 계속해서 이렇게 유지되어야 하는지에 대해서 매우 궁금했지만 알기 어려웠습니다. 어디에도 자료로서 존재하지 않았습니다. 이 히스토리를 알자면 오랫동안 일했던 사람들, 그것도 한 사람이 아닌 여러 사람이 알고 있는 자잘하게 파편화된 지식들을 모아 조합해보아야 했습니다. 왜냐하면 그러한 체계가 만들어진 지 20여 년이 지났고, 매우 많은 사람들이 이 체계에 영향을 미쳤으며, 그후 관련산업이 성장하며 매우 세분화되어 다양한 조직으로 나뉘어졌기 때문입니다. 때로는 밥을 먹으며, 미팅을 하며, 술자리를 가지며 조금씩 조금씩 파악할 수밖에 없었습니다. 마침내, 그저 20여 년 전의 상황에서 만들어진 그 정책들이, 폐쇄적인 시장의 특성으로 말미암아 특별한 경쟁환경이 형성되지 않았기에 계속해서 처음과 유사한 형태로 유지되고 있었다는 조금은 허무한 답변을 얻었던 기억이 있습니다. 그리고 거기에도 다 그만한 이유가 있었지요.

옛말에 '사연 없는 무덤 없다'라는 말이 있습니다. 만약 '낡은 시장'을 발견했고, '낡은 시장의 문제'를 찾았다면 거기에 얽힌 오랜 사연들을 자세히 살펴볼 필요가 있습니다. 이 문제는 시장의 어떤 구조 때문에 발생하는 것인지, 그렇다면 그 문제를 발생시키는 이해관계자들은 누구이며, 왜 이런 구조를 형성했으며, 왜 이런 문제를 그대로 둘 수밖에 없었는지 말입니다. 그렇게 하기 위해서는 매우 빠르게, '낡은 시장'의 주인공들과 친해져야 합니다. 책상에 앉아 인터넷 웹서핑을 하고, 관련문헌을 뒤적여서는 알 수 없는 정보들이니까요. '낡은 시장'을 움직이고 있는 주인공들의 이야기를 직접 들을 수 있도록 그들과 친해지고, 공감대를 형성해야 합니다. 여기서 조심할 점은, 그들의 입장에 지나치게 이입되어 본래의 목적을 잊지 말아야 한다는 점입니다.

문제는 언제나 거대하고 복잡하다
: 문제정의

증상과 문제, 원인을 혼동하지 마라

일반적으로 '신사업'은 시장의 '페인 포인트(pain point, 통점)'로부터 시작해야 한다고 말합니다. 페인 포인트란, 시장에서 누군가 불편함이나 어려움을 겪고 있지만 아직 해결되지 않은 문제들을 의미합니다. 당연히 이러한 불편이나 어려움이 개선된 어떤 새로운 방법이 등장하면, 그 불편과 어려움에 공감하는 이들은 이를 기쁘게 선택할 것입니다.

다만 착각하지 말아야 할 것은 '불편함과 어려움' 그 자체를 '문제'로 보기는 어렵다는 것입니다. 최근 코로나19와 함께 새로운 유니콘으로 등장한 마켓컬리를 다시 생각해봅시다. 마켓

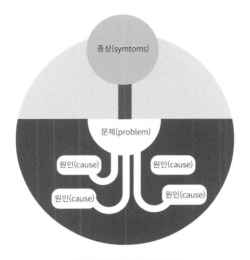

그림 11 증상과 문제, 원인의 관계

컬리의 시작은 컨설팅 재직 당시 하루 24시간도 부족할 만큼 바빴던 김슬아 대표가 '누군가 대신 장을 봐서 집에 가져다주면 좋겠다.'고 생각한 것으로부터 시작되었다고 합니다. 일반적으로 접근하기 쉬운 표면적인 불편만 바라본다면, '장을 보는 게 번거롭고 귀찮다.'는 점에 머무를 수 있습니다. 그것은 불편이라고 할 수 있습니다. 그리고 이러한 불편은 대형마트 또는 동네의 규모가 있는 슈퍼마켓에서 '배달'해주는 정도의 서비스로 보완하고 있는 상황이었습니다. 택배 기반 온라인 쇼핑도 일반화되긴 했지만 신선도가 중요한 식재료에는 적합하지 않았지요.

무엇보다 사람들의 아주 깊은 곳에는 해결되지 않은 진짜 욕구가 있었습니다. 경제발전과 더불어 사람들의 식문화나 인식이 변화했고 무엇보다 '나는 바쁘다. 따라서 신선하고 건강한 음식을 원하는 때에 맛있고 편리하게 먹을 수 있다면 조금 비싸더라도 돈을 지불할 의사가 있다(그렇지만 현재는 그런 서비스를 제공하는 곳이 없다).'는 욕망이 사람들의 마음속에 피어나고 있었습니다. 그렇지만 당시의 온라인 쇼핑, 대형마트, 슈퍼마켓 중심의 시장은 이를 해소해주지 못하고 있었습니다. 해소되지 못한 욕망과 필요야말로 진정한 문제라고 할 수 있습니다.

이렇듯 불편함과 어려움은 현상이자 상태로서 나타납니다. 그리고 기저에 깔린 채로 해소되지 못한 바람, 희망, 욕망이야말로 진정한 의미의 페인 포인트라고 할 수 있습니다.

> 김슬아 대표와의 대담에서 "본인이 마켓컬리에서 수행하는 업무 중에 가장 중요한 것이 무엇입니까?"라고 질문했을 때 김 대표는 예상 밖의 대답을 했다. '비전을 제시하는 사람'과 같은 답변을 기대했는데 그는 이렇게 대답했다. "저는 VOC를 읽는 사람입니다."
>
> ─《마켓컬리 인사이트》[11] 중에서

11 김난도 지음, 다산북스, 2020, p.55

문제의 본질을 이해하자면, 단순화해야 한다

어떤 일을 처음 시작하자면 당연히 방법을 몰라 우왕좌왕하게 됩니다. 그렇지만 같은 일을 수십 번 하고 나면 여유를 가지고 쉽고 단순하게 처리할 수 있게 되지요. 처음 문제를 진지하게 대면하는 작업은 언제나 갈피를 잡기 어렵습니다. 그리고 모든 문제는 언제나 정리되지 않은 채로 복잡하게 엉켜 있어 파악하기도 힘들고 해결하기도 어렵기 마련입니다.

그렇지만 문제에 대한 솔루션을 찾으려면, 문제를 단순화해서 바라보는 데 집중해야 합니다. 그래야 그 문제를 해결할 수 있습니다. 우리 주변에서도 문제를 잘못 정의해 무용한 일을 하거나 비용을 낭비한 사례를 쉽게 찾아볼 수 있지요.

어떻게 하면 이런 시행착오를 벗어날 수 있을까요? 가장 쉽게는, 문제를 조각조각 내보는 것입니다. 앞서 예로 들었던 마켓컬리는 문제를 아래와 같이 정의했습니다.

나는 바쁘다. 따라서 신선하고 건강한 음식을 원하는 때에 맛있고 편리하게 먹을 수 있다면 조금 비싸더라도 돈을 지불할 의사가 있다(그렇지만 현재는 그런 서비스를 제공하는 곳이 없다).

위 문제에 포함되어 있는 요소들을 하나의 단위로 나누어 봅시다.

① 일과 생활로 바쁘다.

② 신선하고 건강한 음식을 원하는 때에 먹을 수 없다. 그러나 '신선하고 건강한 음식'이라는 가치는 중요하다.

③ 많이 비싼 것이 아니라, 지불 가능한 범위 내에서 조금 비싸야 한다.

④ 현재 그런 서비스를 제공하는 곳이 없다. 왜냐하면 제공하기 어렵기 때문이다.

사실 '일과 생활로 바쁘다.'는 명제는 현실에 존재하는 팩트이지만, 서비스 제공자로서는 도움을 주기 어려운 부분입니다. 그렇지만 '바쁜 고객'을 대상으로 한다는 점을 항상 염두에 두어야겠지요. 다음으로 '신선하고 건강한 음식을 원하는 때에 편리하게 먹을 수 없다.'는 부분에 대해서는 뭔가 방법을 고민해 볼 수 있을 듯합니다. 그리고 '많이 비싼 것이 아니라, 조금 비싸야 한다.'는 것은 기준이 되는 전제로서 기억해야 합니다.

이렇게 나눠보면 가장 근본적인 문제는 '신선하고 건강한 음식이라는 가치를 중요하게 생각하지만, 이를 해소시켜주는 시장이 없다. 그래서 신선하고 건강한 음식을 원하는 때에 먹을 수 없다.'로 단순화할 수 있습니다. 그러면 이렇게 문제정의를 끝내면 될까요? 아닙니다. 좀 더 상세하고 정확하게 문제를 이해해야 합니다.

우선, '신선하고 건강한 음식'과 '편리하게', 그리고 '원하는 때'와 '적당한 가격'을 정의해야 합니다. 과연 '신선하고 건강한 음식'이라는 것은 무엇인지, '편리하게'라는 것은 어느 정도의 수준을 의미하는지, '원하는 때'라는 것은 얼마만큼의 시간의 범주를 의미하는 것인지, 또 '적당한 가격'은 어느 정도 수준인지 말이지요. 그리고 이 모든 것은 다음 장에서 논의하게 될 '타깃'에 집중해 고민되어야 합니다.

이런 식으로 '문제'를 인지한 후에는 이를 가장 근본적인 단위까지 단순화하여 쪼개보는 과정이 필수적입니다. 복잡한 문제를 단순화, 상세화하지 못할 경우 솔루션을 찾는다고 해도 그 문제는 여전히 남아 있을 수밖에 없을 테니까요.

해결할 수 있는 문제와 해결할 수 없는 문제

"바꿀 수 없는 것을 받아들일 수 있는 평온과 바꿀 수 있는 것을 바꾸는 용기와 이 둘을 분별할 줄 아는 지혜를 주소서."

—라인홀드 니버Reinhold Niebuhr의 기도문 중에서

세상에는 다양한 문제가 있고, 그중에는 의지만으로 해결되지 않는 것들도 많습니다. 비즈니스에 있어서도 마찬가지이지요. 모두가 필요로 하는 서비스라고 해도, 그 필요

성을 충족할 환경적 여건이 형성되지 않으면 실현될 수 없는 것입니다. 특히나 기술기반 사업에 있어서는 기술의 수준과 성숙도가 필수적입니다.

만약 누군가 '2021년으로부터 1년 내 완전 자율주행을 가능케 하라.'고 요구한다면, 이는 현실적으로 해결할 수 없는 문제일 확률이 높습니다. 그러나 여기서 '변수'를 바꾸는 것만으로도 해결 가능한 문제로 정의할 수 있습니다. 예를 들어 '기간 변수'를 1년에서 5년으로 늘려보거나, '달성 수준 변수'를 '완전 자율주행'에서 '운전자보조 자율주행' 수준으로 조정하는 것이지요.

또 다른 예로 자연환경에 대한 부분을 생각해봅시다. 지구온난화로 기상이변이 일어나고 있습니다. 이것은 그 자체로 문제입니다. 그렇지만 원인이 매우 복잡하고 모호하지요. 그럼 진짜 지구온난화의 원인은 무엇일까요? 수없이 다양한 원인 중에는 일반적으로 많이 언급되는 '플라스틱 일회용품' 사용 같은 것들도 있을 것입니다. 그렇다면 '지구온난화가 문제니 이를 해결하자.'보다는 '지구온난화의 원인 중 하나인 플라스틱 일회용품 사용이 문제이니 이를 줄일 수 있는 방법들을 찾아보자.'고 공론화하는 게 훨씬 구체적이고, 실행하기에도 쉬울 것 같아 보입니다.

이렇듯 '문제'라는 것은 영원한 시간을 놓고 보자면 언젠가는 해결될 수 있는 것일 확률이 매우 높습니다. 생각해야 할 부분은 우리의 삶이 유한하고, 활용 가능한 자원과 기술도 한정되어 있다는 점이지요. 처음 문제를 정의했을 때는 어쩌면 '해결할 수 없을 것 같은 문제'일 확률이 높습니다. 만약 그렇다면 '문제 정의'가 잘못된 것일 수도 있을 것이고, 혹은 '변수'를 조정해 해결 가능한 문제로 바꿀 수 있는 종류의 것일 수도 있겠지요.

근본적인 문제에 집중해야 한다

> "'제 1원칙'이란 결국 세계를 바라보는 방식에 관한 것입니다. 가장 근본적인 진리에 충실하고, 거기서부터 모든 걸 시작하는 것이지요. 물론 쉬운 일은 아닙니다. 많은 정신적 에너지가 드는 일이지요."
>
> —일론 머스크의 인터뷰 내용[12] 중에서

문제에 대한 해결책을 찾고자 접근할 때, 기존의 낡은 시장에서의 접근방식을 차용하면 안 됩니다. 낡은 시장의 식상함을 배우지 않도록, 문제의 본질에 더욱 집중해야 합니다. 페이팔은 물론 테슬라와 스페이스X로 새로운 시장을 주도하고 있는 일론 머스크는 '제 1원칙'으로 생각하라고 말합니다. '제 1원칙'이란 기존에 존재하는 방식을 모방하는 것이 아닌, 문제의 근본부터 다시 생각해보는 것을 의미합니다.

만일 마켓컬리가 '신선하고 건강한 음식을 원하는 때에 편리하게 먹고 싶다.'는 고객의 바람을 기존 낡은 시장의 방식을 차용해 해결하려 했다면, 더 실시간으로 배달을 해주는 방식에 그쳤을 것입니다. 그렇지만 마켓컬리는 제1원칙에 입각해서 완전히 새로운 관점을 도출해냈습니다. 하루를 시작하는 아침에 바로 문앞까지 신선하고 건강한 음식을 가져다주는데, 날것의 재료 그대로가 아닌 바로 조리를 할 수 있는 밀키트를 비롯해 간편하게 조리할 수 있는 식재료를 전달해주는 방식으로 말이지요. 주문해 먹는 식당 음식과 다르게, 미리 손질된 재료를 아침 일찍 받아 내가 직접 요리하게 함으로써 훨씬 더 완결된 '가정식'의 경험을 만들어주었습니다. 그리고 이러한 솔루션에는 원재료 원가 관리, 물류 보관 및 배송 비용, 포장 비용 등을 모두 고려해 현실적으로 납득할 수 있을 만한 '조금 더 비싼 가격'에 제공하는 것까지도 포함되어 있었습니다.

낡은 시장은 과거에 만들어진 어떤 방식으로 꾸준히 유지되거나 조금씩 개선되고 있지만, 아직도 문제를 품고 있는 시장입니다. 그리고 그 문제를 해결해 새로운 시장을 만들고자 할 때는, 기존의 방식을 따르거나 차용해서는 안 됩니다. 그것을 개선하고 발전시키되 새로운 방식이어야 하고, 가장 중요한 핵심을 지키면서 새로운 방식을 찾아내기 위해서는 가장 근본적인 부분에 집중해 처음부터 전면적으로 고민해야 합니다.

해결책을 찾고자 문제에 접근하는 법

① 현상(불편함/어려움)─문제─근본원인으로 구분!

② 문제와 원인을 단순화하고 가장 중요한 것 선별!

③ 제1원칙에 입각한 사고!

④ 문제의 솔루션은 해결할 수 있는 수준으로 단계별로!

대중적인 시장에 대한 동경
: 타겟팅

첫 번째 타깃이 분명치 않다면,
두 번째 타깃도 없다

요즘 20대는 잘 모를 듯합니다만, 윤태호 작가의 웹툰을 원작으로 2014년 tvN이 방영한 〈미생〉이라는 드라마가 있습니다. 거대 무역회사를 배경으로 벌어지는 직장인들의 희로애락을 다룬 이 드라마에는, 신입사원들에게 '좋은 물건을 싸게 사서, 잘 팔아오라'는 미션을 주는 에피소드가 등장합니다. 장사의 기본을 가르치기 위한 설정이었습니다. 주인공들은 팬티와 양말을 사서 서울 시내를 방황한 끝에 사우나 앞에서 판매하게 됩니다.

물건을 팔 때에는 '어디에서, 누구에게, 무엇을, 얼마에, 어느 정도나 많이 팔 것인가' 하는 문제를 고민해야 합니다. 그리고 작게 시작한 '장사'가 점차 성장해 '사업'이 되기도 합니다. 오프라인 상품 기반의 사업은 물론이고, 온라인 서비스도 크게 다르지 않습니다.

최근 사용자 수 증가로 주목을 받고 있는 당근마켓은 처음에는 카카오 사내 게시판에서 이루어지던 중고거래에서 아이디어를 얻어 특정 동네에 집중한 '판교 장터'로부터 시작했습니다. '판교'라는 젊고 새로운 것을 받아들이는 데 어려움이 없는 IT인들이 많은 지역에서 '우리동네 중고거래 플랫폼'의 가능성을 확인하고, 그곳에서 파악한 '성공의 공식'을 다른 지역으로 확대·재생산하며 지금의 당근마켓으로 성장한 것입니다.

또 다른 예로, 강남역 근방에서 쉽게 찾아볼 수 있는 전동킥보드를 사례로 생각해볼 수 있습니다. 강남역은 서울에서도 대표적으로 인구밀도가 높고, 교통정체가 심한 지역입니다. 출퇴근 시간이면 1~2킬로미터를 차로 이동하는 데에도 30~40분이 걸리는 일이 많습니다. 그렇다고 걸어가기에는 애매한 거리지요. 또한 20~30대 젊은 층이 유흥을 위해 많이 찾는 지역이기도 하고, 여러 회사들이 모여 있는 곳이기도 합니다. 이런 지역적 특징을 활용해 2018년부터 '전동킥보드'라는 새로운 이동수단이 등장했습니다. 약 2년이 지난 오늘에는, 자전거보다 타기 쉽고 걷는 것보다는 빠르다는 장점을 기반으로 강남에서

20~30대들이 가장 사랑하는 교통수단이 되었습니다. 물론 법규상의 회색지대를 이용한 서비스라는 점에서 여러 가지 문제들이 있기는 하지만, 강남에서의 성공사례를 기반으로 서울·경기권의 주요 역세권으로 확산하고 있습니다. 대중교통으로부터 애매한 거리에 있는 주거지까지의 이동을 도와주는, '라스트마일 서비스'가 된 것이지요.

어쩌면 당근마켓이나 전동킥보드 서비스들도 첫 타깃 지역과 고객의 특성을 제대로 이해하지 못하고 엉뚱한 곳에서, 엉뚱한 사람들을 대상으로 서비스를 시작했다면 아마 조기에 실패하고 사라져버렸을 것입니다. 첫 타깃을 제대로 이해하고 접근한다는 것은, 이렇게나 중요합니다.

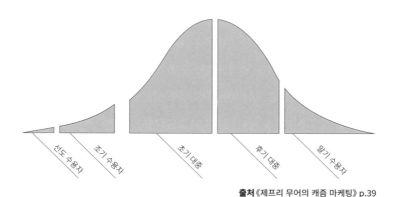

선도 수용자   조기 수용자   조기 대중   후기 대중   말기 수용자

출처《제프리 무어의 캐즘 마케팅》p.39

그림 12 캐즘 마케팅의 수정된 기술 수용 주기

《제프리 무어의 캐즘 마케팅》은 사업의 성장 스테이지별로 타깃을 구분합니다. 초기 상품이나 서비스의 시장성을 파악하고 개선하기 위해서 가장 중요한 고객은 '선도 수용자'와 '조기 수용자'입니다. 이들은 평범한 대중에 비해 새로운 것에 관심이 많고, 도전에 거리낌이 없으며, 남들보다 먼저 경험하는 것을 중요하게 생각합니다. 그렇다고 이들이 모든 것에 그러한 특성을 보이지는 않을 것입니다. 일반적이지 않은, 새롭고 참신한 것을 선호하는 집단이므로 더더욱 관심을 보이는 영역은 세분화되고, 깊이 있는 게 정상이겠지요. 전자제품이나 신기술에 관심이 많은 사람, 요리나 식품에 관심이 많은 사람, 자동차에 관심이 많은 사람 등 분야는 무척이나 다양할 수 있습니다. 그리고 이러한 영역에 따라 '선도 수용자'와 '조기 수용자'의 연령대나 성향도 달라질 것이고, 그들에게 접근하는 방식도 달라질 것입니다.

여기서 중요한 것은, 모든 일에는 첫발을 떼는 일이 중요하고 첫 번째 타깃을 제대로 정의하는 것은 낡은 시장을 바꾸는 데 있어서 그 무엇보다 중요하다는 점입니다.

자세히 설명할 수 없다면, 타깃이 없는 것이다

첫 번째 타깃을 설정하는 데 있어 중요한 것은

'매우 구체적'이어야 한다는 점입니다. 《아이디어 불패의 법칙》을 쓴 알베르토 사보이아Alberto Savoia는 사업에서 가장 중요한 첫 번째 단계는 매우 구체적이고도 검증 가능한 형태의 가설을 세우는 것이라고 하며, 이를 'XYZ가설'이라고 칭했습니다.

> 만약 당신에게 시장에서 통할 좋은 아이디어가 있다면, 그것을 검증 가능한 XYZ가설의 형태로 바꾸어보라는 것이다. 과학자들이 좋아하는 XYZ 가설이란 '이 제품은 적어도 X퍼센트의 Y는 Z할 것이다' 같은 구체적이고 검증 가능한 형태의 명제를 말한다.
>
> ─《아이디어 불패의 법칙》[13] 중에서

　여기서 Z는 우리가 목표로 하는 행동을 의미하고, Y는 타깃으로 하는 고객집단을, 그리고 X는 해당 고객집단 중 실제로 우리가 원하는 행동을 할 것으로 예상되는 진짜 고객의 비율을 의미합니다. 아마도 제일 먼저 Z라는 아이디어가 떠오를 것입니다. 그러면 이 Z를 기꺼이 반겨줄 만한 Y를 찾게 되겠지요. 그리고 X퍼센트에 대해서는 어떨까요? '대충 생각하기에 이 정도는 이용하지 않을까'라는 근거 없는 추측을 하게 되기 쉽습니다. 그렇게 상상 속에서는 모든 일이 쉽습니다만, 이 정도라면 사실상 '타깃'을 모르는 상태라고 할 수 있겠네요.

 13　알베르토 사보이아 지음, 이지연 옮김, 인플루엔셜, 2020, p.4~5

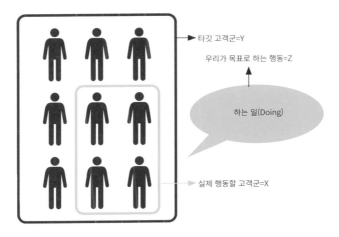

그림 13 XYZ 가설 설명

Class101은 취미·사이드잡 교육콘텐츠를 중심으로 하는 온라인 교육 플랫폼입니다. 만약에 사이드잡을 꿈꾸는 직장인을 대상으로 아마존 셀러로 성장하는 방법에 대한 교육 콘텐츠를 제공한다고 가정해봅시다. 이 교육 콘텐츠의 타깃 고객은 어떻게 생각해볼 수 있을까요?

직장인의 N퍼센트는 주수익 외 보조수익을 창출하기 위해 아마존 셀러에 관심을 가지고 있을 것이고, 그중 N퍼센트는 비용을 지불하고 적극적으로 공부하고자 이 콘텐츠를 구매할 것이다.

여기서 X는 '아마존 셀러가 되고자 하는 직장인'이 될 것이고, Y는 '직장인 중 아마존 셀러에 관심을 가지고 있는 사람의 비율 중 비용을 지불하고 적극적으로 공부하고자 하는 의지가 있는 사람의 비율'이 될 것입니다. 마지막으로 Z는 이 교육 콘텐츠를 실제로 구매하는 사람의 비율이 되겠지요.

모든 사업기획에 있어 가장 어려운 부분이 어떻게 보면 이 부분이라고 생각합니다. 과연 우리는 어떻게 저러한 정보들을 알 수 있을까요? 앞서 시장조사에서도 언급했지만, 아마도 조사로 파악하기는 어려운 일일 것입니다. 직장인들을 대상으로 '사이드잡에 관심이 있습니까?', '여러 가지 사이드잡 중 아마존 셀러에 대한 관심은 어느 정도입니까?'와 같은 설문조사로는 살아있는 정보를 얻기 어렵겠지요. 모든 직장인의 마음속에 '사표'가 한 장 정도는 들어 있다고 말하는 것처럼, 누구에게나 마음속의 '사이드잡'은 하나쯤 있게 마련일 테니까요. 그렇지만 세상에는 두 종류의 직장인이 있을 것입니다. 생각만 하는 직장인과, 행동하는 직장인 말입니다.

알베르토 사보이아는 이렇게 기존에 존재하는 정보로는 알기 어려운 사실들을 '프리토타이핑'을 통해 해결하라고 합니다. 프리토타이핑이란, 가장 단순하고 빠르며 저렴한 방식으로 아이디어를 테스트해보는 것을 의미하지요. 즉, 시장조사를 통해 '이 아이디어의 성공 가능성은 이러합니다.'라고 하기보다는, 프리토타이핑을 통해 '우리가 대상으로 생각하는 고객들에

이름	내용	예시
페이크 도어 (Fake Door)	아직 완성되지 않은 서비스나 제품을 완성된 것처럼 소개하고 관심 수준을 파악하는 테스트	맥도날드에서 맥스파게티 메뉴를 만들어두고, 주문이 들어오면 아직 준비가 되지 않았다며 무료 햄버거를 제공
파사드(Facade)	초기 관심도를 파악할 수 있도록 최소한의 장치를 만들어 확인하는 테스트. 상품과 서비스 모두 광범 위하게 활용 가능	빌 그로스는 1990년대 말에 온라인 자동차 판매 가능성을 파악하기 위해 카스다이 렉트(CarsDirect)라는 시험용 웹사이트를 만들어 테스트를 진행
피노키오 (Pinocchio)	가짜로 그럴 듯하게 보이는 제품을 만들어, 작동하는 것처럼 보이게 만드는 사용자 테스트	PDA제조사 Palm의 창업자 제프 호킨스는 실제 PDA 제품 개발 전, 나무로 된 가짜 PDA로 사용하는 척하며 사용성을 테스트
미캐니컬 터크 (Mechanical Turk)	대규모 기술투자에 앞서, 사람이 기술을 대신해 사용성을 확인하는 테스트	IBM이 음성 텍스트 변환기를 개발하기 전, 속기사가 직접 음성을 텍스트로 받아 적으며 사용성 테스트
유튜브(YouTube)	제품/서비스 출시 전 상세한 소개 영상을 만들어 사람들의 반응을 확인하는 테스트	구글은 글라스를 개발/판매하기 전 유튜브 홍보 영상을 만들어 알림. 이 동영상을 본 고객의 구매 의향을 확인하기 위해 활용
지방(Provincial)	대규모 서비스/제품 출시 전, 작은 규모로 서비스나 상품의 성공 가능성을 확인하는 테스트	베스트바이는 '넥스트플레이(NextPlay)' 출시 전 주차장과 일부 안내판으로만 홍보하여 고객 반응을 확인. 이 반응이 좋아 전 매장으로 확대함
원나잇스탠드 (One-night Stand)	짧은 기간 내에 아이디어를 확인하기 위해 최소한의 수준의 임시 수단을 통화 테스트하는 방법	에어비앤비 창업자들은 서비스 개발 전, 아이디어가 유효한지 확인하기 위해 본인들의 아파트를 하루간 빌려주는 임시 웹사이트를 만들어 고객 반응을 확인함
최소단위제품(MVP)	제품/서비스의 가장 중요한 최소 단위만을 구현하여 사용자 반응을 확인하는 테스트	아이폰의 MVP는 거의 스마트폰이라고 말하기 어려울 정도로 제한적인 기능을 제공했지만, 고객들은 외려 신경쓸 게 적어 좋다는 긍정적인 반응을 보임
잠입자(Infiltrator)	실제 존재하는 시장에 끼어들어 사용자들의 반응을 확인하는 테스트	Upwell Labs' 창업자는 제품 출시 전 이케아 진열대에 몰래 제품을 전시함. 고객들은 구매했고, 이 방법을 통해 자체 스토어를 확보하지 않고도 제품을 판매할 수 있음을 확인함
사기꾼(Impostor)	기존에 존재하는 유사한 상품/서비스를 활용해 사용자들의 반응을 확인하는 테스트	테슬라는 초기 제품 개발 전 기존에 존재하던 차량을 활용해 고객 반응을 확인함

출처 https://www.albertosavoia.com/resources.html

표 1 프리토타이핑 기법의 사례

게 실험을 해보니 실제로 이만큼의 고객들이 적극적인 반응을 보였습니다.'라고 하는 것이 아이디어를 구체화하는 데 있어서 훨씬 더 가치가 있다는 의미이기도 합니다.

다시 말해 타깃을 구체적으로 안다는 것은, 단순히 생각 속에만 있는 것이 아니라 적극적인 노력을 통해 우리가 가정하고 있는 타깃에 대해 매우 실증적으로 이해한다는 뜻이기도 합니다.

구체적이고 작은 그룹에서 시작해야 한다

우리가 일반적으로 아는 엄청난 성공을 이룬 회사는 대중적인 사업을 영위하고 있습니다. 우리나라 20~60대 중 코스피 시총 10위권 회사를 모르는 사람은 그다지 많지 않을 것입니다. 단순히 투자 관점에서 안다기보다도 생활 속에서 접하면서 자연스럽게 알게 되었을 확률이 높기 때문입니다.

과연 이들 거대 기업들이 처음부터 대중시장을 타깃으로 하고 사업을 시작했을까요? 역사가 오래된 회사들도 있어서 파악하기 어렵겠지만, 회사의 초창기로 거슬러 올라가면 이들의 타깃은 매우 구체적이고 작은, 한 가지 분야에 집중하고 있었음을 알 수 있을 것입니다.

우리가 매일 사용하고 있는 카카오톡을 생각해봅시다. 지금은 거의 모든 스마트폰이나 태블릿PC에서 사용 가능하지만 카

순위	종목명	시가총액(원)
1	삼성전자	343조2625억
2	SK하이닉스	58조6770억
3	LG화학	52조5519억
4	NAVER	51조5787억
5	삼성바이오로직스	50조8147억
6	셀트리온	42조4384억
7	삼성SDI	33조5571억
8	현대차	31조4092억
9	카카오	31조689억
10	LG생활건강	22조3653억
합계		717조8338억

*8월 7일 기준.
자료: 한국거래소·에프앤가이드

표 2 20년 8월 코스피 시가총액 상위 10개 종목

카오톡이 처음 출시되었던 2010년 3월에는 아이폰에서만 사용이 가능한 서비스였습니다. 그 당시 아이폰은 국내 출시된지 불과 3개월이 경과한 상황이었고, 총 판매 대수는 50만 대에도 미치지 못했던 시절이었습니다. 즉, 당시 카카오톡의 대상 고객은 아이폰을 사용하고 있던 50만 고객이었습니다. 그들 중 얼마나 많은 이들이 카카오톡을 사용할지 알 수 없었으나, 어쨌든 그 고객들을 대상으로 서비스를 시작했습니다.

여기에는 몇 가지 가정이 필요했을 것입니다. 첫 번째로 아이폰을 사용하는 고객들이 카카오톡을 좋아하며 즐겨 사용하

게 될 것이고, 두 번째는 아이폰을 쓰는 고객들이 점차 증가할 것은 물론 아이폰 외의 스마트폰도 대중적 시장으로 확대될 것이며, 세 번째로 그에 따라 카카오톡도 스마트폰의 대중화와 함께 대중서비스가 될 것이라는 식으로 말입니다. 당시만 해도 문자메시지가 대세였는데, '메시지를 보내는 사람과 받는 사람이 같은 서비스를 이용해야 한다.'는 메시징 플랫폼은 네트워크 효과가 매우 중요했기 때문에 사실 웬만해선 확신을 가지고 이러한 가정을 하기가 쉽지 않았을 것입니다.

어쨌든 카카오톡은 아이폰을 사용하면서 새로운 서비스에 목말라 있던 젊은 층을 1차 타깃으로 공략했고, 서비스는 점차 이들의 친구와 가족들로 자연스럽게 확산되어 2013년 국내 5,000만 명 인구 중 4,000만 명 이상이 사용하는 국민 플랫폼이 되었습니다.

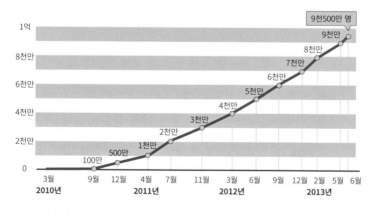

그림 14 초기 카카오톡 글로벌 사용자 증가 추이(2013년 6월 카카오톡 제공 자료)

낡은 시장을 새로운 시장으로 바꾸고자 할 때, 작고 구체적인 시장에서 시작해 대중시장으로 확산할 수 있는 성격의 것인지를 고민해보는 것은 매우 중요합니다. 그래야만 더 큰 시장을 타깃으로 지속적인 성장을 이룰 수 있을 테니까요. 그렇지만 처음부터 대중시장을 공략하겠다고 하는 것은 어쩌면 아무것도 하지 않겠다는 의미와도 같을지 모릅니다. 그리고 이렇게 작고 구체적인 시장부터 접근해야 앞 장에서 설명한 것처럼, 필요한 정보들을 수집해가며 우리의 가설을 탄탄하게 만들어갈 수 있을 테니까요.

한 번 쓴 고객 백 명보다, 열 번 쓴 고객 열 명이 더 소중하다

온라인과 모바일 서비스는 처음부터 바로 매출을 창출하기 어려운 경우가 대다수입니다. 이는 모든 상품이나 서비스에 동일하게 적용 가능하겠지만, 특히나 온라인과 모바일 서비스는 더더욱 많은 사람들이 자주 사용하는 것이 매우 중요합니다.

서비스 분야에서는 '리텐션(retention)'이라는 용어를 사용하는데, 이는 '한 번 사용했던 사람이 몇 번이나 더 재사용을 하는가'에 대한 중요한 지표로서 언급됩니다. 간단히 소개하자면,

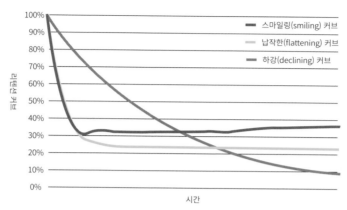

그림 15 리텐션 커브

위 그래프에서는 세 가지 유형의 리텐션 커브를 표현하고 있습니다. 먼저 스마일링 커브(smiling)는 가장 성공적인 사례로 볼 수 있습니다. 처음 방문했던 고객이 시간이 지남에 따라 지속적으로 재방문을 하게 되는 경우입니다. 이 경우 서비스가 안정화될수록 더 안정적인 '오래된 고객'들이 증가하게 됩니다. 다음으로는 납작한 커브(flattening)가 있습니다. 어느 정도 수준으로 유지되는 대다수 서비스에서 발견할 수 있는 유형으로, 신규 유입 후 일부 고객만 일관성 있게 재방문이 이어지는 경우입니다. 이런 경우 마케팅 부서에서는 기존 고객들의 방문율을 높이기 위한 다양한 판촉 활동들을 벌이게 됩니다. 마지막으로 실패 사례로 볼 수 있는 하강 커브(declining)가 있습니다. 이 경우 신규 유입은 일어날 수 있지만 지속적인 재방문이 이

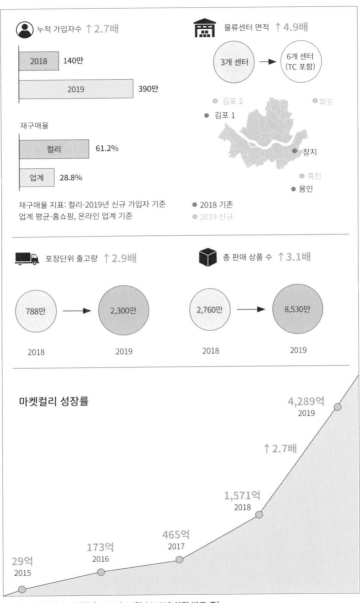

누적 가입자수 ↑ 2.7배

2018	140만
2019	390만

재구매율

컬리	61.2%
업계	28.8%

재구매율 지표: 컬리-2019년 신규 가입자 기준
업계 평균-홈쇼핑, 온라인 업계 기준

물류센터 면적 ↑ 4.9배

3개 센터 → 6개 센터 (TC 포함)

● 김포 2   ● 화도
● 김포 1
● 장지
● 죽전
● 용인

● 2018 기존
● 2019 신규

포장단위 출고량 ↑ 2.9배

788만 → 2,300만
2018   2019

총 판매 상품 수 ↑ 3.1배

2,760만 → 8,530만
2018   2019

마켓컬리 성장률

4,289억
2019

↑ 2.7배

1,571억
2018

465억
2017

173억
2016

29억
2015

그림 16 마켓컬리 성장률 (2020년 04월 2019년 실적 발표 중)

온라인쇼핑 앱 월평균 실행 횟수 '톱 5'

1위	당근마켓	63.4
2위	번개장터	47.3
3위	쿠팡	42.7
4위	11번가	36.6
5위	티몬	35.6

단위 회 **자료** 인크로스

온라인쇼핑 앱 월평균 체류시간 '톱 5'

1위	당근마켓	194.7
2위	번개장터	113.5
3위	옥션	105.3
4위	G마켓	91.14
5위	티몬	86.63

단위 분 **자료** 인크로스

당근마켓 월 방문자 수

시기	방문자 수
2016년 1월	10만 미만
2018년 1월	10만
2018년 8월	100만
2018년 12월	160만
2019년 6월	300만
2019년 12월	400만
2020년 2월	550만

단위 명 **자료** 당근마켓

그림 17 당근마켓 사용지표(2020년 03월)

루어지지 않음으로써 결국에는 고객 없는 서비스가 될 수밖에 없습니다.

만약 한 번 쓰고 안 써도 되는 서비스라면, 전 세계 80억 명 인구를 타깃으로 한다고 해도 시장성에 한계가 있습니다. 그렇지만 한 번 쓴 사람이 백 번, 천 번 계속해서 사용한다면 수백만 명, 수천만 명의 타깃만으로도 시장성이 충분할 수 있습니다.

2021년 현재 유니콘으로 가장 많이 언급되는 마켓컬리와 당근마켓의 경우 동일 업종 내 타 서비스 대비 매우 높은 고객 충성도를 확보하고 있습니다. 이렇듯 처음 고객을 유입하는 것도 중요하지만, 다시 찾을 수 있도록 하는 게 더 중요하다는 점을 항상 명심해야 합니다. 그래서 고객대응에 신경 써야 하고, 고객의 반응을 토대로 지속적인 개선이 이루어질 수 있도록 해야 합니다.

새로운 시장을 구축하고자 할 때 'Lesson & learn'의 자세로 시장공부를 해야 한다고 언급했듯이, 고객들이 지속적으로 재방문하고 재사용할 수 있도록 하기 위해서도 계속해서 이러한 태도를 고집해야 합니다.

조금이라도 편한 시장에 들어가고 싶은 욕구
: 포지셔닝

모두가 동일한 서비스를 제공한다면,
바꿀 수 있는 것은 가격밖에 없다

만약 우리가 낡은 시장을 불편해하는 까다로운 유형의 사람이 아니라면, 우리가 어떤 시장에 대해 알게 되었다는 의미는 곧 어느 정도는 이미 새로운 시장이 되어 우리 삶 속에 안착했다는 의미일 수도 있습니다. 과연 낡은 시장은 어떤 순서로 새로운 시장이 되었다가 다시 낡은 시장이 될까요? 앞서 언급한 《혁신기업의 딜레마》는 산업의 경쟁 기반도 시장의 성숙도에 따라 달라진다고 설명합니다.

처음 어떤 시장이 형성될 때는 '기능'을 중심으로 경쟁기반이 형성된다고 합니다. 이전에는 없던 새로운 기능이기 때문에 얼마나 그 기능이 세련되고 고도화되었는지와 무관하게 이미 그 존재만으로도 환영받는다는 의미입니다. 지금 이야기하고 있는 낡은 시장의 관점에서는 바로 이 시점이 낡은 시장 바꾸기의 핵심이라고도 할 수 있을 듯합니다. 이전에 없었던 새로운 가치를 제공함으로써 새로운 시장을 형성한다는 의미에서 말이지요.

그렇지만 조금 더 이 기준을 너그럽게 보자면 편리함을 더하는 단계까지도 '낡은 시장 바꾸기'라고 말할 수 있을 것입니다. 투박하고 원시적인 어떤 '기능'을 더 세련되고 편리하게 바꿔간다는 의미에서 말입니다. 사실 기술 기반의 대다수 새로운 시장은 이 단계를 의미하는 것일 수도 있습니다. 더 편리하게 택시를 잡고, 더 편리하게 금융 생활을 누리고, 더 편리하게 식재료를 쇼핑하는 방식입니다.

그리고 이 다음부터는 새로운 시장이 다시 낡은 시장이 되어 가는 모습을 보여줍니다. 어느 정도 기능과 편리함이 상향 평준화를 이루면, 그 다음부터는 특정 브랜드의 신뢰도가 경쟁의 주축이 되지요. 이때는 브랜딩이나 마케팅과 같은 홍보 활동이 매우 중요하다고 할 수 있습니다.

그리고 마지막으로는 '가격 경쟁력'이 유일한 차별점이 되는, 그야말로 '낡은 시장'이 됩니다. 이때는 무엇을 더하기보다,

무엇인가를 더 제거하여 비용의 효율화를 이루는 것이 무엇보다 중요해집니다. 그리고 이러한 '가격 경쟁 중심의 낡은 시장'의 끝에는 무엇이 있을까요? 아마도 이 낡은 시장을 전복시킬, 예상치 못했던 새로운 시장의 등장일 것입니다.

문제는 낡은 시장에 둔감한, 한 발 느린 사람들의 눈에는 이러한 시장이 너무도 뜨거워 보인다는 것입니다. 이미 시장도 크고 사람도 많이 몰려 있으니, 저기에 어떻게 비집고 들어가서 저 시장의 파이를 조금만 확보할 수 있어도 이익화가 가능하겠다고 생각하기 쉽다는 것이지요. 누군가의 눈에 '가격 경쟁' 기반 시장이 새로워 보인다면, 그 사람은 그 시장에 대해서 전혀 모른다고 해도 과언이 아닐 것입니다. 그리고 그 시장에 진입해 산전수전 겪으며 무엇인가 알게 되었다 싶을 때 이미, 그 낡은 시장은 새로운 시장으로 대체되어 있을 테니까요.

만약 이 가장 마지막 단계에 해당하는 '가격 경쟁'의 시장에서 승리하고자 한다면, 말 그대로 '장사의 신'이 되어야 합니다. 어떤 상품을 자신만 아는 방법을 통해 가장 저렴하게 확보하면서, 남들보다 저렴하게 판매하고 이윤을 내는 방식으로 말입니다. 그렇지만 이것은 '낡은 시장 바꾸기'와는 그다지 상관이 없어 보이네요.

비어 있는 놀이터를 찾아라

낡은 시장을 바꾸는 데 있어 항상 기억해야 할 점은 이전에 없던 시장, 남들이 하지 않던 방식이 통용될 만한 시장을 끄집어내야 한다는 것입니다. 고객의 머릿속에 존재하지 않았던 시장을 끌어내는 시도가 성공한다면 고객의 머릿속에 강력하게 포지셔닝할 수도 있다는 뜻이 되지요.

앞 장에서는 낡은 시장의 기능 또는 편리성을 개선한 새로운 시장이 우리가 신경 써야 할 영역이라고 설명했습니다. 그렇다면 기능 또는 편리성을 개선함으로써 낡은 시장을 바꾸는 것에 집중해야 하고, 이를 장기적으로 지속가능하게 성장시켜 나가야 할 것입니다. 여기에는 두 가지 방법이 있습니다. 첫 번째로는 누구도 시도하기 전에 가장 먼저 시도해보는 것이고, 두 번째로는 첫 번째 주자가 등장하면 이를 빠르게 파악해 더 나은 방식으로 시장에 개입하기 시작하는 것이지요. 이를 '퍼스트무버(First mover)'와 '라스트무버(Last mover)'라는 용어로 설명합니다.

'퍼스트무버'란 가장 먼저 새로운 시도를 한 주체를 의미합니다. 이들은 이전에 없던 새로운 아이디어로 사람들을 설득하고, 주목을 받습니다. 그리고 실제 작동하는 어떤 시장이 아닌 미래 시장에 대한 청사진만으로 큰 자본을 모금하고 그 누구보다 빠르게 앞서가기 시작합니다. 많은 경우 퍼스트무버는 경쟁

자를 차단하며 시장을 독점합니다. 그러나 때때로, 현실이 상상과 다르게 잘 풀리지 않을 때도 있습니다. 개중에는 새로운 것을 거부하는 낡은 시장의 저항을 온몸으로 막아내다가 산산히 부서져 없어지는 곳들도 있지요.

이럴 때 등장하는 주체가 '라스트무버'입니다. 이들은 얌전히 숨죽이고 퍼스트무버의 시행착오를 면밀히 관찰합니다. 그리고 그간 응축한 에너지와 지식을 모두 담아 퍼스트무버를 능가하는 방식으로 시장에 개입하여 오랫동안 독점적으로 살아남습니다. 아마도 지금 우리가 익숙하게 알고 있는 아마존, 구글, 애플, 테슬라 등등 세계적인 기업들도 사실 따지고 보면 퍼스트무버보다는 라스트무버라고 칭하는 게 맞습니다. 이들이 퍼스트무버처럼 보이는 까닭은, 진정한 퍼스트무버가 너무 빠르게 시장에서 사라져 아무도 기억하지 못하기 때문이겠지요.

특정 시장에서 마지막으로 훌륭한 발전을 이뤄내어 몇 년간 심지어 몇십 년간 독점 이윤을 누리는 것이다. 그렇게 하는 방법은 작은 틈새시장을 장악한 다음, 거기서부터 규모를 확장하고 야심찬 장기적 비전을 향해 나아가는 것이다. 이 점에서 비즈니스는 체스와 비슷하다. 체스 선수 최고의 영예인 '그랜드마스터'가 되었던 호세 라울 카파블랑카는 이렇게 말했다. 성공하려면 "다른 무엇보다 먼저 마지막 수를 연구하라."

—《제로 투 원》[14] 중에서

　페이팔의 창업자이자《제로 투 원》을 쓴 피터 틸도 '마지막 수'를 더 중요하게 봅니다. 그렇지만 여기서 말하는 라스트무버의 진입 시점은 시장이 '가격 경쟁' 수준까지 진화한 상태를 말하는 것이 아닙니다. '새로운 가능성'으로 시장이 열리기 시작했지만 아직 세련되고 멋있는, 독점적인 수준의 플레이어는 없는 바로 그 타이밍의 시장을 의미합니다. 이러한 '초기 시장'에는 아직 누구도 신경쓰고 있지 않는 '비어 있는 놀이터'가 무수히 많을 테니까요.

　그게 첫 번째든, 두 번째든 새로운 시장을 만들고자 할 때 최소한 한 가지 면에서는 완벽하게 새로워야 합니다. 그래서 사람들을 놀라게 하고, 호기심을 느끼게 하고, 또는 자연스럽게 빠져들도록 해야 합니다. 여러 가지 기준으로 생각해볼 수 있겠지만, 우리는 클레이튼 크리스텐슨이 경쟁 주기를 설명하기 위해 사용했던 네 가지 기준을 축으로 생각해보고자 합니다.

3장 우리가 낡은 시장의 함정에 빠지는 이유

4장

새로운 시장의
탄생 조건

포지셔닝의 첫 번째 조건
: 필요와 기능

> 포지셔닝의 목표는 표적고객들의 머릿속에 '이런 상황에 맞는 최고의 구매'라는 공간을 창출하고 그 공간을 완전히 점유하는 것이다.
>
> —《제프리 무어의 캐즘 마케팅》[15] 중에서

극복하기 어려운 문제라면 프레임을 바꾼다

2003년 창업한 테슬라는 미래의 주류가 될 '전기차'에 집중했습니다. 그러나 당시 기술로는 내연기관차의 성능을 따라갈 수 없었습니다. 배터리 가격은 높았고, 주행거리

15 제프리 A. 무어 지음, 윤성호 옮김, 세종서적, 2015, p.235

는 짧았으며, 충전 시간이 길었습니다. 모두가 아직은 전기차의 시대가 아니라고, 먼 미래의 일로만 보고 있었을 무렵 테슬라는 전기차에 접근할 수 있는 방법들을 고민했습니다.

전기차의 성능이 좋지 않았던 만큼, '누가 그 가격을 지불하고 전기차를 사겠느냐?'는 의문이 많았지만 이에 테슬라는 기본 전제를 바꿨습니다. 어차피 대중화가 어렵다면 소수를 위해 더 고급스럽고 희소성 있는 명품 브랜드를 만들기로 했습니다. 2008년 테슬라의 고급형 모델S는 성능에 비해 매우 높은 가격으로 공개되었지만, 레오나르도 디카프리오와 같은 유명 배우들이 먼저 선택할 만한 명품 브랜드로 자리 잡는 데 성공했습니다. 이후 다소 아쉬운 부분이 있을지라도 많은 사람들이 테슬라를 갖고 싶어하게 되었고, 보급형으로 개발된 모델3의 양산과 발맞추어 무섭게 시장점유율을 높이고 있습니다.

국내에도 당근마켓이라는 비슷한 사례가 있습니다. 아직 성장하는 서비스이기 때문에 다소 섣부른 감은 있지만, 당근마켓은 국내에 주류 플레이어가 없는 '지역기반 커뮤니티 플랫폼'의 주도자로 자리매김하고 있습니다. 당근마켓은 2015년 판교에서 중고물품을 거래하는 플랫폼으로 시작해 전국으로 확대한 2020년 8월, 사용자가 1,000만을 돌파했습니다. 2015년에도 중고나라, 번개장터 등 온라인 기반의 중고거래 플랫폼은 많았기 때문에 모바일 기반의 중고거래 플랫폼은 그다지 새롭거나 매력적인 아이디어가 아니었습니다.

그러나 당시의 중고거래는 거래 물품에 포커스를 맞추고 있다 보니, 어쩔 수 없이 택배 거래가 기본적이었고 그로 인한 사기와 사고에 대한 불안감이 컸습니다. 때문에 2015년 즈음 중고거래를 주도하는 층은 남성과 매니아층으로 구하기 어려운 물건들을 사고파는 경우가 많았습니다. 이때 당근마켓은 가장 큰 문제 중 하나였던 사기와 사고를 피할 수 있는 방법을 고민했고, 가까운 거리에서 직접 거래할 수 있도록 하는 방법을 생각했습니다. 사실 중고거래 플랫폼에서 다수의 사용자가 원하는 물건은 매니악한 것보다는 누구에게나 필요한 일상품인 경우가 많았고, 그렇다면 가까운 거리 내에서도 충분히 거래할 사람이 있을 수도 있겠다고 본 것이지요.

'깨진 유리창 이론'은 주변 환경과 분위기에 따라 범죄율이 달라진다고 말합니다. 이와 유사한 맥락에서 당근마켓은 최대한 따뜻하고 귀여운, 차마 '사기(?)' 치고 싶은 마음이 들기 어려운 서비스 환경을 조성하고자 노력했습니다. 귀여운 캐릭터를 내세우고, 부드러운 말투로 서비스 안내를 진행했습니다. 이러한 노력에 힘입어 겁이 많은 20~40대 여성층이 대거 유입되며, 진짜 필요한 생활용품 중고거래를 중심으로 한 지역 커뮤니티가 형성되고 있습니다.

국내 주류 IT기업이라고 할 수 있는 네이버와 카카오 등의 인터넷 기반 서비스는 현재 지역에 구애받을 필요가 없이 범지역적인 서비스를 내세우고 있습니다. 그러나 지역 기반의 관계

145

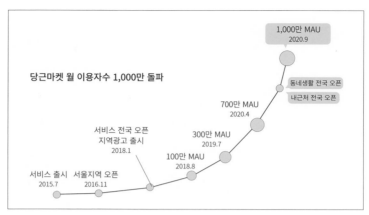

그림 18 당근마켓 사용자 지표(20년 9월 기준)

를 중심으로 하는 서비스에는 매번 실패하고 말았습니다. 그러던 와중에 당근마켓은 '당신의 근처'에서 이루어지는 중고거래를 중심으로 지역사회에서 이루어질 수 있는 더 많은 기능들을 추가하고 있습니다. 중고거래는 당근마켓의 시작이었지, 끝이 아니었던 것이지요. 만약 당근마켓이 다른 많은 중고거래 플랫폼처럼 '더 다양하고 많은 물건'에 초점을 맞추었다면 현재와 같은 서비스로 성장하기 어려웠을 것입니다.

이미 복잡하고 거대해진 영역이라면, 작게 쪼갠다

80~90년대 제조업 중심의 시장에서는 기업이 규모의 경제를 유지하는 것이 유리할 수밖에 없었습니다. 거대 기업이 많은 사람을 고용해, 많은 제품을 생산함으로써 판매 우위를 점할 수 있었지요. 그렇지만 기업들이 인터넷 기반의 IT시장으로 변모하면서부터는 특정한 기능을 제공하는 전문집단들 간의 교류가 쉬워졌고 더 편리해졌습니다. 단순히 IT 서비스뿐 아니라 제조와 관련된 업종에서도 어떤 상품을 기획하고 디자인하여, 공장을 섭외하고 제조하고 포장하는 과정이 모두 위탁을 통해 가능해지기 시작했습니다. 온라인 채널을 통해 판매하고 배달하기까지 전 과정 역시 모두 제3자에게 위탁하는 업무 프로세스가 가능해진 것입니다.

2010년 초반, 제가 사회생활을 막 시작했을 즈음만 해도 규모 있는 회사들에서는 자체적인 내부 시스템을 구축하는 것이 유행 아닌 유행이었습니다. 종이 기반 서류결재 시스템에서 컴퓨터 기반 인터넷 결재 시스템으로 바꾸기 위해서는 해당 기업 내부에서만 쓰는 시스템이 필요했던 것입니다. 재무, 인사 및 결재시스템까지 자체 구축하고 운영하는 데에 꽤나 리소스가 들어갔지만 다른 대안이 없었던 상황이었지요.

10년 후가 된 오늘, 조직은 점점 작아지고 있습니다. 불과 10

년 전만 해도 1998년 IMF와 2008년 경제 위기를 거치며 '사업은 위험한 것'이라는 인식이 팽배했다면, 최근 젊은 층을 중심으로 '스타트업 창업'은 낯선 선택지가 아니게 되었습니다. 더 소수의 인원으로, 더 가치 있는 서비스를 만든다면 굳이 대기업에 어렵게 입사해 평생 일하며 살지 않아도 된다는 희망이 싹트고 있는 것이지요. 이러한 작은 규모의 초기 스타트업을 타깃으로, 기존 대기업 중심의 시스템을 필요한 영역만 골라 쓸 수 있도록 하는 서비스들이 지속적으로 등장하여 성장하고 있습니다.

직접 사무실을 구하고, 꾸미고, 관리할 필요 없이 초기 스타트업이 쉽게 이용할 수 있는 공유오피스도 활발합니다. '패스트파이브'는 국산 공유오피스 사업자로, 빠르게 성장하고 있습니다. 특히 코로나로 재택근무가 일반화되면서, 굳이 고정된 사무실을 갖기보다는 유연하게 인원수를 조정할 수 있는 패스트파이브와 같은 공유오피스를 선호하는 분위기가 나타나고 있습니다.

'스파크플러스'는 공유오피스를 운영하며 확보한 노하우를 바탕으로, 중소형 기업이 자체 오피스를 구축할 때, 운영 전반을 컨설팅하고 대행서비스를 제공하는 사업모델까지 개발했습니다. 인원이 적어 초기 사업을 다지고 관리해줄 전문 인원이 거의 없는 상태에서도, 비용이나 기간 연장, 사무공간 인테리어 시 발생하는 각종 문제를 걱정 없이 효과적으로 해소하도록 돕고 있습니다.

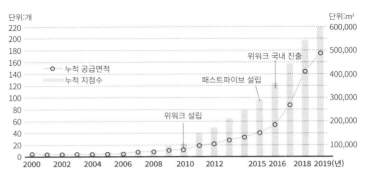

단위:개　　　　　　　　　　　　　　　　　　　　　　　　　단위:㎡

그림 19 서울 공유오피스 추이

출처 서울연구원 자료

인사나 재무는 중요 보안사항이라 꼭 내부에서 다루어야 한
다는 인식도 달라지고 있습니다. 특히 스타트업이 관리 이슈로
혼란스러워지는 시점을 15~70인 사이로 본다고 합니다. 15인
미만일 때는 여차저차 전체 구성원이 협의할 수 있는 분위기가
되지만, 15~70인 사이 기간에는 관리 이슈가 커져도 영역별 전
문가를 채용하기는 현실적으로 어려운 상황이 된다는 의미입
니다. 바로 이와 같은 애매한 스테이지에 있는 기업들을 위해 인
사, 재무, 투자 등 특정 기능을 지원하는 서비스들이 있습니다.

'시프티'는 대표적인 인사관리 플랫폼으로 2019년 연말 기
준 약 5만 개 이상 사업장에 서비스를 제공하고 있습니다. 인터
넷 기술 중심 사업화가 이루어지며 1990년대~2000년대와 같
이 근로환경에 대한 '적극적이고 강제적인 감시'보다는 '자율
적이고 유연한 감시'로 인식이 변화하며 근무시간에 대한 점검

그림 20 인사관리 플랫폼 '시프티'

체계도 바뀌고 있는 것입니다. 네이버, 카카오 등 국내 주요 대기업에서도 시프티를 사용하고 있으며, 가능한 한 임직원이 자율적으로 근태를 관리할 수 있도록 변화하고 있습니다. 이러한 분위기의 변화는 작은 조직에 더 반갑습니다. 따로 내부 시스템을 구축할 필요 없이 임직원 인원수대로 월 비용을 지불하고 바로 서비스를 사용할 수 있으니까요. 사용하는 기능에 따라 다르지만 임직원 1인당 월 이용료 1,000~3,000원 수준으로 부담 없이 이용할 수 있습니다.

인사와 함께 기업 운영에 필수적인 재무 분야 서비스에는 '자비스'가 있습니다. 보통 초기 기업은 재무 전문가를 내부에 두기

150

그림 21 재무관리 서비스 '자비스'

어렵습니다. 회사 규모가 작고, 보통은 기술 개발에 집중하게 되기 때문이겠지요. 그럼에도 법인을 운영하기 위해서는 다양한 재무적 지식이 필요하고, 자비스는 월 3만 원대로 서비스를 제공함으로써 창업자의 초기 부담을 크게 덜어주고 있습니다.

최근 기술기반 기업들은 매출은 없더라도, 미래 성장가능성이 큰 기술을 개발함으로써 장기적인 성장을 목표로 하고 있습니다. 당연히 초기에 돈을 벌 수 없으니 자본가로부터 투자를 받아 기술개발 및 서비스 성장을 꾀하게 되고, 투자를 받는 순간부터 여러 가지 복잡한 행정적 업무 처리가 필요해집니다. 그렇지만 작은 조직에서 전문가 없이 이러한 일들을 하기는 꽤

그림 22 투자 관리 서비스 '쿼타북'

나 어려워 보입니다.

이를 돕기 위한 서비스를 개발한 '쿼타북'이 있습니다. 쿼타북은 투자유치 전후에 필요한 각종 문서 관리와 법적 절차와 관련한 커뮤니케이션을 좀 더 쉽고 간편하게 할 수 있도록 서비스를 제공하고 있습니다.

이들 서비스는 모두 이전에는 각 조직이 내부에 전문가를 두고 처리하던 영역이었으나, 이제는 소규모 조직에서도 필요한 기능만을 골라 부담없이 빠르게 사용할 수 있습니다. 외부의 시장환경 변화를 무시하고, 과거 그랬던 것처럼 무거운 통합시스템으로만 기업 경영에 필요한 기능들을 바라보았다면 이렇게 세분화된 서비스가 나오기 힘들었을 것입니다. 오히려 잘할 수 있는 영역에 집중해 의미 있을 만큼 사용하기 좋은 서비스를 제공하고자 했기에 가능한 일이었을 것입니다.

파편적으로 분산되어 있다면,
합친다(Information gathering)

2000년대 초반부터 인터넷붐이 시작된 이후, 우리는 많은 정보를 쉽게 접할 수 있게 되었습니다. 한편으로는 자유롭지만, 한편으로는 무한한 데이터의 숲에서 길을 헤매게 되기도 합니다. 특히나 정보를 수집하고 정리하여 인사이트를 뽑아내야 하는 종류의 일을 하기에는 과거보다 훨씬 유리해졌지만, 다른 한편으로는 피로도가 높아지기도 했습니다. 누구나 정보를 쉽게 접할 수 있다 보니 경쟁도 치열해지고, 더 많은 것들을 배우고 이해해야 하니까요.

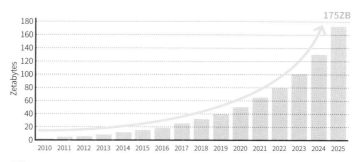

출처 Data Age 2025, sponsored by Seagate with data fromIDC Global DataSphere, Nov 2018
그림 23 데이터 양의 급격한 증가

우리는 지금 이 순간에도 데이터를 생성하고 있습니다. 그리고 우리가 생성하는 어떤 데이터는 나의 삶을 더 똑똑하고 효율적으로 이끌어갈 수 있도록 돕고 있고 다른 어떤 데이터는 누군가가 새로운 시각으로 우리의 삶을 볼 수 있도록 도와주고 있습니다. 이러한 상황에서 데이터는 지속적으로 생성되고, 공개되고 있으며 이러한 정보들을 잘 모으고 정리해 이해하기 쉽도록 재가공해 제공하는 것만으로도 새로운 비즈니스 기회를 창출할 수 있습니다.

먹고사는 문제에 있어 가장 중요한 금융데이터를 생각해봅시다. 기업은 수입과 지출을 잘 분석하고 체계적으로 관리해 미래에 대비합니다. 그러나 개인 단위에서는 쉽지 않은 일입니다. 우선, '금융·재무'라는 분야의 전문성에 대한 막연한 두려움이 있고, 다음으로는 정보를 확인하는 번거로움이 있기 때문입니다. 금융 정보는 데이터 중에서도 극도의 민감 정보로 분류되어 내 정보에 접근하는 것조차 어려운 게 일반적이었습니다.

2000년대 초중반 컴퓨터와 인터넷 기반의 모바일뱅킹 시스템이 도입되며 함께 개발되었던 공인인증서는 약 21년간 우리의 모든 중요 정보와 함께했습니다. 2015년 무렵 핀테크의 등장으로 일부 간편결제, 간편송금 서비스를 중심으로 공인인증서를 사용하지 않는 인증 방법을 도입하기 시작했습니다. 그리고 2020년 12월, 드디어 공인인증서가 완전히 폐지됨으로써 금융서비스는 새로운 모멘텀을 맞이하고 있습니다.

개인화된 금융정보관리 서비스 '뱅크샐러드'는 이러한 환경에서 더 쉽고 편하게 사용자가 본인의 자산을 파악하고 관리할

01
통합 자산조회

공동인증서 연동으로 흩어진 내 은행
계좌는 물론, 카드/보험/주식/부동산/
자동차 및 연금까지 한눈에 조회가능!

02
자동 가계부

수입/지출/이체 내역이 자동으로
등록/분류되고 분석까지 한번에!
PC가계부와 연동해 언제 어디서나!

03
금융비서

지출현황 및 금융생활을 분석해
상황에 맞는 조언과 격려의 메시지도
보내드린답니다!

04
맞춤상품 추천

내 신용등급, 신용점수를 무료로 조회
할 수 있고 카드/대출/보험 등 나에게
딱 맞는 금융상품 추천까지!

그림 24 뱅크샐러드의 주요 서비스

수 있도록 서비스를 제공하고 있습니다.

뱅크샐러드가 처음 등장한 2014년에는 핀테크라는 개념이 부재했던 것은 물론 본인의 카드 내역과 통장계좌 잔액을 확인하기 위해서도 각 은행과 카드사 사이트에 들어가 일일이 조회해야 했습니다. 이 번거로운 작업을 편하고 간편하게 해주는 것만으로도 사용자로부터 충분히 사랑받을 만했습니다. 심지어 무료였으니까요.

전문가들을 위한 서비스로는 '딥서치'가 있습니다. 기업의 신사업 부서나 투자회사에서는 특정 기업과 시장에 대한 다양한 데이터 분석을 통해 인사이트를 뽑아내고 의사결정을 위한 근거들을 마련합니다. 인터넷의 발전으로 정보에 대한 접근은 조금 쉬워졌지만, 문제는 그 정보 중 의미 있는 것들을 걸러내

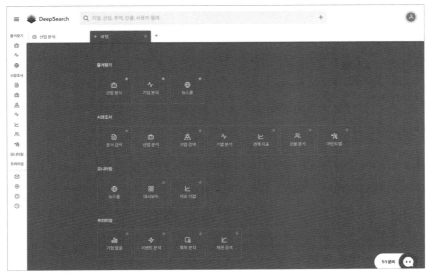

그림 25 시장 및 기업분석 데이터를 모아 간편하게 분석할 수 있는 리서치 플랫폼 '딥서치'

고 정돈하여 정말로 쓸모 있는 정보로 만드는 일이 너무도 많아졌다는 지점에 있었습니다. 그리고 대다수 리서치 업무를 하는 사람들에게는 어쩌면 정보로부터 인사이트를 뽑아내는 과정보다 다양한 채널을 통해 정보를 모으고, 정리하여 사용할 수 있도록 만드는 데 리소스가 더 많이 들어가던 것도 사실이었습니다.

이런 문제에 초점을 맞춰 딥서치는 리서치에 필수적인, 재무 및 사업정보를 포괄하는 기업정보, 그리고 기업환경에 영향을 주는 주요 정책 및 환경변화와 관련된 정보들을 AI를 이용해 활용하기 쉽게 제공합니다. 이전에는 재무정보 확인을 위해서도 기업 재무리포트와 기타 자료 등을 복합적으로 참고해야 했지만, 딥서치에서는 클릭만으로도 대략적인 정보를 손쉽게 확인할 수 있습니다. 리서처는 딥서치 리포트를 참고하여 필요한 부분만 보완해가며 리서치 과정의 효율성을 높일 수 있게 되었습니다.

이처럼 참고해야 하는 정보가 무수히 많고, 그것을 취득하고 정리하는 과정이 복잡하고 번거로울 때는 이러한 정보들을 한곳에 모아 보여주는 것만으로도 새로운 가치를 제공할 수 있습니다. 물론, 이를 현실에서 활용 가능할 만큼 잘 제공할 수 있도록 시스템을 구축하는 일은 어렵겠지만 말이지요.

'꼭 필요한 것'과 '왠지 사고 싶은 것'

> 사람들은 '필요할 때'와 '갖고 싶을 때' 돈을 쓴다.
>
> —《부자의 그릇》[16] 중에서

인간을 기계와 구분 짓는 가장 큰 기준은 지능보다도 감성입니다. 감성은 여러 감각으로부터 유발되고, 경험으로써 완성됩니다. 아무런 기계장치가 없었던 먼 옛날에는 사람이 사람에게 들려주는 이야기와 공연예술이 있었다면 다양한 스크린 장치가 제공되는 요즘에는 사진이나 동영상으로부터 다양한 직간접적 경험을 할 수 있습니다.

아직은 스마트폰이나 태블릿PC, 컴퓨터, TV 등 평면스크린 기반의 경험이 주를 이루지만 앞으로는 VR/AR과 홀로그램을 기반으로 한 입체적이고도 생동감 있는 경험이 주를 이룰 것이라고 합니다. 아직은 기술이 성숙하지 않아 소수의 얼리어답터를 중심으로 시장이 형성되고 있지만, 조금 더 기기가 편안해지고 다양한 콘텐츠가 담기기 시작하면 대중 역시 빠르게 유입될 것이라고 봅니다.

'어메이즈VR'은 미국에서 글로벌 시장을 타깃으로 VR 콘텐츠 플랫폼을 만들어가고 있습니다. 코로나19로 인해 가장 큰 피해를 입은 곳은 아무래도 다수의 사람이 참여하게 되는 콘서트 등 공연예술 분야인데, 어메이즈VR은 VR기기와 콘텐츠, 모션체어를 이용해 정말 콘서트장에서 경험하는 것만큼의 극대화된 경험을 제공하고 있습니다. 이러한 VR기반의 콘서트는 코로나19 상황에서도 빛을 발하고 있지만, 코로나19가 끝난 이후에도 위치와 거리에 무관하게 더 많은 사람들이 생생한 경험을 할 수 있게 해준다는 점에서 매우 촉망되는 사업이라고 볼 수 있습니다.

VR/AR과 홀로그램 등 매체의 변화를 이끄는 기술 외에도, '메타버스'라는 용어도 심심찮게 들려옵니다. '메타버스'란 '3차원 가상 세계'를 의미하는데, 대체로 온라인상에서 새로운 정체성을 정의하고 사회화된 행위를 하는 것을 폭넓게 의미하기

그림 26 지난 해 4월, 1200만 이상의 플레이어가 참가한 트래비스 스콧 포트나이트 콘서트 영상

도 합니다. 2009년 흥행했던 영화 〈아바타〉를 떠올리면 이해
가 더 쉬울 듯합니다.

메타버스를 이용하면 가상세계에서 마치 실제와 같은 경험
을 하고, 현실에서의 움직임을 반영해 심지어는 고통까지 겪을
수 있습니다. 아직은 먼 미래의 일처럼 보이지만, 기술의 발달
로 VR/AR이 더 강력해지고, 5G로 고용량의 데이터를 더 빠르
게 전송할 수 있게 되며, 웨어러블 디바이스가 정교해지면 언
젠가는 가능해질 미래라 생각할 수 있습니다.

최근 코로나19로 강제 격리가 진행되며, 많은 사람들이 온라
인에 의존해 사회생활을 하고 있습니다. 어떻게 보면 현재의 상
황 역시 가벼운 수준의 메타버스가 되었다고도 볼 수 있습니다.

최근 디지털에 익숙한 MZ세대를 중심으로 '모여봐요 동물의 숲', '제페토', '포트나이트'와 같은 가상현실 기반의 게임과 소셜라이프 플랫폼들이 급성장을 하고 있습니다. 아예 인스타그램이나 페이스북 같은 SNS 채널들은 중년들의 플랫폼으로, 메타버스를 지향하는 이러한 플랫폼들을 10~20대 MZ세대들의 플랫폼이라 농담 삼아 말할 만큼 세대 간 차이도 크게 보입니다. MZ세대들은 '제페토'라는 서비스가 제공하는 가상공간 속에서 친구를 만나고, 블랙핑크 사인회에 참여하며, '포트나이트'라는 가상공간 속에서 콘서트에 참여합니다. 이미 이러한 가상공간, 메타버스를 기반으로 하여 쇼핑을 유도하는 커머스, 학습을 유도하는 교육 등 다양한 시도들이 나타나고 있습니다.

코로나로 인한 사회적 거리두기가 지속되고 있는 중에 실리콘밸리에서부터 시작해 한국에서도 인기를 끌고 있는 서비스가 있습니다. 음성 채팅 기반의 '클럽하우스(Clubhouse)'는 미국에서 베타서비스를 시작하고 얼마되지 않은 2021년 초, 사용자 200만 명 이상, 투자유치 한화 1,400억 원 이상을 달성하며 이슈몰이를 하고 있습니다. IT업계에서는 음성기반의 넥스트 트위터가 될 가능성이 있다고 평가되는 등 주목을 받고 있고, 한국에서도 IT업계 종사자를 중심으로 빠르게 인기를 얻고 있습니다. 초대권이 있어야 서비스에 가입할 수 있다 보니, 가입을 하기 위해 기다리는 사람들도 꽤나 많습니다.

음성 기반이라 동영상이 없어 더 가볍고, 참석자가 많은 스

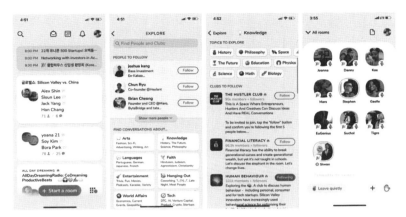

그림 27 클럽하우스 앱 서비스 화면

탠딩 파티에서 여러 그룹을 오가며 잠깐씩 이야기를 나누는 것처럼 듣고 말하는 데 부담이 없습니다. 오디오 품질도 좋아 여러 사람이 동시에 말을 해도 같은 공간에 있는 것처럼 부드럽게 들립니다. 텍스트 기반의 채팅보다 듣고 말하기가 편하고, 동영상 미팅보다 부담이 없습니다. 클럽하우스에서는 정말 다양한 주제들로 이야기를 나누는데 일, 일상생활, 고민과 관련된 클럽부터 투자, 명상, 음악, 코미디 등 개인 관심사 기반의 엔터테인먼트 성격의 클럽들까지 매우 다양합니다.

코로나로 아는 사람들은 물론 새로운 사람들도 만나기 힘든 요즘같은 시기에 반가운 서비스 같지만, 코로나가 끝난 이후에도 오래도록 사랑받는 서비스가 될 듯도 합니다. 화자와 청자의 구분이 중요하지 않으며 더 다양한 주제에 대해 다양한 사람들이 섞여 이야기를 나눌 수 있는, 클럽하우스는 어떻게 보면 스탠딩 파티가 이루어지던 오프라인 상에서의 라운지나 클럽의 역할을 하는 메타버스의 한 종류로 보이기도 하니까요. 물리적인 지역에 무관하게, 비슷한 시간에 비슷한 이야기를 하고 싶어하는 사람들을 자연스럽게 연결해주는 서비스로, 무엇인가 익숙하지만 또 새로운 개념이기도 합니다.

우리는 매일 조금씩 사이버상에서 더 많은 시간을 보내고 있습니다. 지금의 변화도 새롭게 느껴지지만, 이러한 메타버스 플랫폼을 즐기며 성장한 MZ세대가 소비의 중심이 될 앞으로의 10년 이후, 상상조차 하기 어려운 전혀 새로운 형태의 시장이 몰려들지도 모르겠네요.

포지셔닝의 두 번째 조건
: 편리함

필수적인 영역일수록 더 '편리'하게 바꾼다

앞서 여러 번 언급한 마켓컬리는 일상의 불편함을 해소하는 것에서 나아가 새로운 유형의 편리함을 제공함으로써 유니콘으로 성장한 대표적인 기업으로 손꼽힙니다. 삶에 있어 필수적인 것이 의식주라면 그중에서도 가장 빈번하게 선택과 결정, 행동을 요구하는 것이 바로 '식(食)'의 영역입니다. 옷은 철마다 한 번 정도 구매하거나 정리하면 되고, 집은 몇 년 단위로 변화를 경험하게 됩니다. 그러나 최소 하루 세 번 우리는 무언가를 먹을지 말지, 먹는다면 어떤 재료를 구매해서 어떤 조리법으로 요리해야 할지 고민하고 선택하고, 또 행동합니다.

2인 맞벌이 가구가 하루 한 끼를 집에서 먹는다고 생각해도, 최소 일주일에 두 번은 장을 봐야 나름대로 신선한 식재료를 이용할 수 있습니다. 하루 한 번 때마다 필요한 재료들을 공수할 수 있다면 정말 감사하겠지만, 모두 일을 한다면 장보는 것조차 참 어려운 일이 될 수밖에 없지요. 마켓컬리는 이 모든 번거로움을 모두 대신해주기로 합니다.

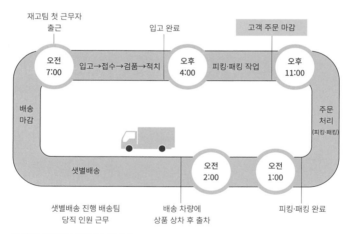

그림 28 마켓컬리 물류시스템 요약

아마 마켓컬리가 이러한 장보기 심부름을 대신해주는 서비스를 처음 상상한 것은 아니었을 것입니다. 마켓컬리 이전과 이후가 다른 점은, 그 상상을 현실로 실현할 수 있는 방법을 찾았느냐 아니냐로 보는 것이 더 맞겠지요. 마켓컬리는 그 시점에 활용 가능한 기술들을 기반으로 사람이 할 수 있는 일을 적절히 결합해 마켓컬리만의 시스템을 만들었습니다. 대기업에서 생각하기에는 너무 비용이 많이 들어서 수익성이 없으며, 비효율적이라고 퇴짜 맞았을 것 같은 방식이긴 하지만, 스타트업이기 때문에 시도해볼 수 있었고 결론적으로 시장에서 사랑받을 수 있음을 증명했습니다.

다른 방법들은 모르겠지만, '편리'하게 바꾸는 것에 있어서 가장 중요한 것은 '아이디어'가 아닌 '실행 방법'임은 확실합니다.

어려운 영역이라면 더 '쉽게' 바꾼다

인류의 영원한 꿈이 있다면, 그것은 불로장생의 꿈이 아닐까요. 오랜 역사를 돌이켜보면 온갖 방법으로 영생을 누리고자 한 부덕한 왕들의 사례는 수없이 많으며, SF영화에서는 인간의 생명을 100~300세는 가뿐하게 뛰어넘는 것으로 묘사합니다. 여전히 미지의 영역이지만, 생명의 신비를 해결하기 위한 도전은 여전히 인류의 숙명적인 주제입니다.

특히 2020년에 갑작스레 찾아온 코로나19는 더욱 더 생명과학에 대한 관심을 끌어올렸습니다. 그렇지만 근 1년이 넘도록 이렇다 할 치료제를 확실히 정하지 못하고 있는 것은, 그만큼 생명과학 분야에 대한 연구가 어렵기 때문입니다. 코로나 치료제를 예로 들어봅시다.

코로나 바이러스가 나타나면, 먼저 이 바이러스의 기원과 구조, 작동 원리에 대해서 연구해야 합니다. 하지만 이 바이러스는 다양한 인종과 사람들의 인체에서 조금씩 다르게 반응을 합니다. 전 세계 약 80억 인구에 대해 연구하는 것은 확실히 불가능한 일이니, 이미 코로나에 감염된 사람들의 표본 데이터를 기반으로 연구를 진행할 수밖에 없습니다. 여러 단백질 세포 기반의 실험적인 연구가 끝나 코로나19 바이러스에 대해 어느 정도 파악하게 되면 이제 인체의 다른 부분에 영향을 주지 않으면서 코로나19 바이러스만을 공격하여 파괴할 수 있는 치료제를 찾아야 합니다. 일반적으로 이 모든 과정을 끝내는 데에, 글로벌 제약사를 기준으로 평균 10년, 약 1,000억이 소요된다고 알려져 있습니다.

이처럼 오랜 기간과 비용이 소요되는 주된 이유는, 의약품의

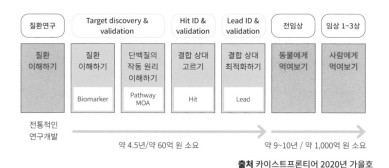

출처 카이스트프론티어 2020년 가을호

그림 29 신약 개발 과정 주기

경우 필수적으로 '사람'을 대상으로 점검 과정을 거쳐야 한다는 점 때문입니다. 그렇기 때문에 초기 연구를 통해 안전한 의약품의 기초를 만들어야 하고, 이를 수년에 걸쳐 적게는 수백 명에서 많게는 수백만 명을 대상으로 실험을 하여 안전하고 효과가 있는지를 증명해야 비로소 의약품으로 인정받을 수 있게 되는 것입니다.

신약 개발을 어렵게 하는 또 다른 이유 중 하나는, 인체의 신비에 대해 여전히 밝혀지지 않은 부분이 많다는 점입니다. 인간의 체내에는 약 2만 5,000여 개의 단백질이 존재하는 것으로 알려져 있는데, 이 단백질들은 사람마다 고유한 성격이나 모형으로 조금씩 변화되기에 실제 유형은 이보다 훨씬 더 다양할 것으로 추정됩니다. 질병에 걸린 사람은 물론 심지어는 일란성 쌍둥이의 단백질 구조조차 다르니 말이지요.

그리고 이 2만 5,000여 개 단백질 중에 그 형태가 밝혀지고 연구가 이루어진 단백질은 전체의 8퍼센트, 1,600개에 불과합니다. 지금까지 백여 년의 산업화 과정을 거치며 수많은 의약품이 연구되었지만 대다수는 이 범위 안에 있다고 볼 수 있습니다. 전체 단백질의 50퍼센트에 해당하는 단백질에 대해서는 최소한의 연구라도 이루어지고 있지만, 나머지 50퍼센트의 단백질에 대해서는 미지의 세계라고 하기에도 부족함이 없을 만큼 알려진 게 없습니다.

보통 생명과학 연구 분야에서 연구자들은 한두 개의 단백질에 대해 평생 실험을 거쳐 연구한다고 말합니다. 그러다 정말로 어떤 질병에 중요하게 작용하는 단백질을 찾아내고, 이를 치료할 수 있는 치료제를 만들면 매년 수천 조의 가치를 창출하는 글로벌 제약사가 될 수도 있습니다.

신약개발 인공지능 기술회사 '디어젠'은 AI를 기반으로 방대한 단백질과 치료제 데이터를 학습함으로써 기초 연구를 좀 더 효율화할 수 있는 기술을 제공하고 있습니다. 수천만 건의 실험 데이터들 가운데서 질환에 의미 있게 작용하는 단백질을 찾아내고, 타깃 단백질에 반응하는 치료제를 수만 건의 화학물질 데이터베이스에서 찾아냅니다. 이렇게 찾아낸 물질을 자체적으로 평가해 성능을 더욱 개선할 수 있도록 설계 가이드를 제공하기도 합니다.

물론 디어젠은 컴퓨터로 예측하는 것이기에 이후 실험적인 연구로 이어지는 검증 과정을 거쳐야 합니다. 그럼에도 연구 현장에서 1만 번 실험해야 할 것을 백 번으로 줄여주는 것만으로도 시간적, 비용적 효율성을 급격히 높여주는 것은 물론 연구와 개발 과정을 좀 더 쉽게 만들어준다는 큰 가치를 제공하고 있습니다.

AI기술을 활용한 영상진단 서비스인 '루닛' 역시 의료계를 혁신하는 서비스로 알려져 있습니다. 루닛은 엑스레이 데이터 등 의료진단에 활용되는 영상 데이터를 기반으로 의사들의 진단 과정을 좀 더 효율화할 수 있는 기술과 서비스를 제공하고 있습니다.

전통적인 병원 진단의 경우, 다양한 진단의 대다수는 엑스레이, MRI 등 영상자료를 기반으로 의사의 주관적 판단에 의해 이루어져왔습니다. 의료 영상 자료를 보고, 정상인과 미묘하게 다른 영역을 전문가의 시선에서 찾아내는 방식이었지요. 그러나 아무래도 이러한 작업은 바쁘고 일이 많은 전문의들의 컨디션에 따라서 정확도에 영향을 주는 등 비효율적인 면이 많았습니다. 루닛의 기술은 일차적인 판독 결과를 전문의에게 제시함으로써, 문제가 예상되는 지점에 집중할 수 있는 환경을 만들어줍니다. 실제로 2020년 3월까지 루닛은 전 세계 80개국에서 3만 장 이상의 흉부 엑스레이 사진을 분석해왔고, 이번 코로나19 감염의 주요 증상인 폐렴을 포함해 폐의 주요 비정상 소견을 97~99퍼센트의 뛰어난 정확도로 검출하며 의사 판독을 보조하기도 했습니다.

이렇듯 코로나 바이러스라는 예측할 수 없었고, 극복하기 어려운 바이러스의 등장으로 생명과학에 대한 기술의 관심과 발전이 더욱 돋보이고 있습니다. 물론, 안전이 그 어떤 효율성보다 더 중요한 분야가 생명과학이다 보니 기술 발전의 속도 또한 더딜 수밖에 없습니다. 단순히 기술의 발전만으로는 극복할 수 없는 정책과 규제의 허들이 형성되어 있기 때문입니다.

이렇듯 어려운 영역에서 성과를 내기란 정말로 힘들고 지난한 일입니다. 그러다 그 목표에 성공했을 때 그만큼 세상에 기여하는 가치는 크다고도 할 수 있겠지요.

모두가 누릴 수 없는 영역이라면, '접근성'을 높인다

　수학과 영어의 가장 큰 특징 중 하나는, 단계적 학습이 매우 중요하다는 점입니다. 단계적으로 꼭 알아야 할 것들을 알지 못하면 그때부터는 아무리 그다음 단계를 열심히 학습한다고 해도 제대로 따라갈 수 없게 되곤 합니다. 그러나 일반적인 교육제도 아래에서는 학생 스스로 부족한 지점을 점검하는 것은 거의 불가능한 것이 사실입니다. 이런 교육의 불균형을 기술을 통해 해결하고자 하는 기업이 앞서 잠시 언급했던 뤼이드와 콴다입니다.

　뤼이드는 AI기술을 기반으로 학습자의 학습상태를 실시간으로 점검하며 추가 학습이 필요한 지점의 문제들을 계속해서 제시하는 방식으로 학습을 돕고 있습니다. 예를 들어, 영어 공부를 하는 중에 특정 문법과 관련된 문제를 지속적으로 틀린다고 인지하면 해당 문법을 학습할 수 있는 문제를 내줍니다. 그리고 어느 정도 그 부분에 대한 학습이 충분히 이루어졌다고 판단하면 그다음 단계로 학습자를 안내하는 것이지요.

　만약 산타토익과 동일한 서비스를 학원이나 과외를 통해 받으려고 했다면 못해도 며칠은 걸렸을 것이고, 비용도 꽤나 많이 투입되었을 것입니다. 하지만 산타토익으로는 수 초 내에 AI 선생님이 제시하는 맞춤형 문제들을 풀어볼 수 있습니다.

수학 영역에도 유사한 방식으로 학습 환경을 개선한 콴다의 매스프레소가 있습니다. 앞서 잠시 설명했던 것처럼 매스프레소는 수학 공부를 하던 학생이 모르는 문제를 찍어서 올리면 AI가 유사한 문제를 찾아 실시간으로 풀이안을 제시해줍니다. 그렇게 찾지 못한 문제는 실제 사람인 선생님들이 풀이방법을 알려주게 됩니다.

이와 같이 공부를 함에 있어서는 '집중력'을 유지하는 것도 굉장히 중요한데, 두 서비스 모두 막힌 부분을 빠르게 해결해줌으로써 학생이 계속해서 학습을 지속할 수 있도록 도와주고 있습니다. 제가 공부하던 때를 떠올려보면, 공부하다 막히는 부분이 생기면 쉽게 답답해지고 금세 포기하고 싶어지곤 했던 것 같습니다. 그런 면에서 이 두 서비스는 정말로 학생들이 필요로 하는 가치를 제공하고 있지 않나 생각합니다.

아무래도 이 두 서비스는 실제 사람이 코칭하는 것보다 정교함이 떨어질 수도 있습니다. 그럼에도 바로 앞 장에서 보았던 생명과학 분야와 달리 교육 영역은 어쩌면 정확도가 조금 떨어지더라도 동일한 시간 내 학습량을 높일 수 있는 것만으로도 가치가 창출되는 분야라고 볼 수 있기에 이러한 서비스가 더 의미 있게 다가오는 것이 아닐까 싶습니다.

포지셔닝의 세 번째 조건
: 가격

중요한 영역일수록 더 '저렴'하게 바꾼다

앞서 뱅크샐러드를 언급하며, 개인의 자산 상황을 구체적이고 이해하기 쉽게 안내하는 것만으로도 많은 효익이 발생한다는 것을 언급했습니다. 사업자의 경우 매출과 비용, 수익, 자산 및 부채현황 등을 파악하기가 좀 더 복잡한데요. 사실 어느 정도 규모 이상의 법인의 경우 내부에 자체적으로 재무나 회계팀, 경영기획팀 등을 두고 회사의 재무상황에 대해 지속적으로 관리하고 있지만 개인 단위의 자영업자들은 이 모든 활동이 온전히 '사장님' 개인의 몫이 되곤 했습니다.

한국신용데이터가 제공하는 '캐시노트'는 바로 이런 중소형 사업자를 위한 매출관리 플랫폼입니다. 엑셀의 어려운 기능을 사용할 수 있어야 한다거나, 매번 번거롭게 입출금 정보 등을 입력해야 하는 과정을 거치지 않아도 매일의 재무 상황을 앱 하나로 편하게 확인할 수 있도록 지원해주고 있습니다.

이전에도 중소사업자를 위한 재무관리 서비스들이 있긴 했지만, 대체로 월 매출이 수십 억 이상이거나 근로자 백 명 내외 규모의 기업을 위한 서비스들이었기에 초기 설치비와 월간 이용료가 최소 수백만 원에서 수천만 원에까지 이르렀습니다. 그러나 캐시노트는 그보다 훨씬 작은 규모의 중소상공인을 대상으로 서비스를 출시하며, 기본 기능은 무료로, 고급 기능은 월 6,000원 선에서 사용 가능하도록 서비스를 제공하고 있습니다.

만약 재무관리가 중소상공인들에게 있어 필수적이지 않았다면 아무리 서비스를 무료 또는 월 몇천 원 수준으로 제공한다고 해도 사랑받지 못했을 것입니다. 꼭 필요한 서비스지만 이전에는 너무 비싸고 규모가 커서 사용하지 못했던 것들을, 중소상공인들에게 필요한 기능들만 모아 합리적인 가격으로 저렴하게 제공함으로써 새로운 시장을 만들어낼 수 있었던 것이지요.

저렴할 수 없다면, 더 '고급'스럽게 바꾼다

차별적 시장 우위를 확보하기 위해 더 저렴하게 서비스를 제공하는 것은 대다수의 상황에서 좋은 선택이 되지만, 더 이상 가격을 낮출 수 없을 때도 많습니다. 그럴 때는 가격경쟁력을 보완할 만큼 독특한 무엇인가를 찾아내는 게 중요한데요. '스테이폴리오'는 숙박업에 있어서 독특한 콘텐츠를 기반으로 고급화를 선도하고 있습니다.

과거에는 새로운 지역을 '여행'하는 것에 포커스를 맞춘 여행문화가 주류를 이루었습니다. 새로운 지역을 방문하고, 문화를 경험하는 것이 여행의 중요 목적 중 하나였던 것이지요. 그리고 숙소는 그러한 여행을 더욱 쾌적하게 만드는 하나의 도구처럼 소비되곤 했습니다. 그러다 스마트폰이 대중화되고 페이스북과 인스타그램 같은 실시간 이미지 공유 플랫폼이 활성화되면서, 사람들은 더 독특한 장소에서 더 유니크한 경험을 공유할 수 있게 되었고 사진으로 남기기에도 괜찮을 만한 곳들을 찾아다니기 시작했습니다.

그와 동시에 에어비앤비와 같은 공간 공유 플랫폼이 활성화되기 시작했고 호텔과 모텔 체인 등의 숙박 옵션이 훨씬 더 풍부해지기 시작했습니다. 저렴하고도 독특한 개성을 간직한 세계 곳곳의 숙소로 여행을 떠날 수 있게 된 것이지요. 이러한 환경에서 스테이폴리오를 만든 지랩은 '숙소' 그 자체에 집중했습니다.

 사실 대규모 숙박시설이라고 할 수 있는 호텔이나 리조트 대비, 개별적으로 흩어져 있는 소규모 숙박시설은 웬만해서는 경쟁력을 확보하기 어렵습니다. 관리비용 절감에는 한계가 있고, 제공할 수 있는 서비스 인프라(레스토랑, 헬스케어센터, 스파 등등)에도 한계가 분명하지요. 그럼에도 불구하고 개별 숙소들이 가진 그만의 매력도 충분한 강점이 될 수 있습니다.

 스테이폴리오는 이 점에 집중하여, 대규모 숙박시설이 제공할 수 없는 공간 그 자체라는 콘텐츠에 집중해 더 고급스럽고 흔치 않은 경험을 제공하고자 했습니다. 지역마다 존재하는 가옥의 특징적인 면들을 살리고, 좀 더 프라이빗하고 완결성 있는 고급 숙소를 제공합니다. 여행자 입장에서는 멀리 떠나지 않고도 스테이폴리오 숙소에 머무는 것만으로도 여행의 기분을 느낄 수 있다는 장점이 있습니다. 어떻게 보면 '호캉스'나 '힐링'으로 대변되는 바쁜 도시인들의 요구를 확실하게 이해하고 제공하는 서비스인 것이지요.

 이 과정에서 한 마을 전체를 호텔처럼 구축하고자 하는 '서촌 재생 프로젝트' 등도 새롭게 시도하고 있습니다. 기존의 호텔에는 거대한 건물 안에 개별 룸들과 스포츠센터, 스파, 레스토랑, 바 등이 수직적으로 위치하고 있는데요. 스테이폴리오는 '서촌'이라는 한국적 가옥 형태를 잘 간직한 마을 전체를 하나의 호텔로 바라봄으로써, 엘리베이터를 타는 대신 골목을 걷는 것으로 이동 가능한 호텔을 만들고자 하는 것이지요.

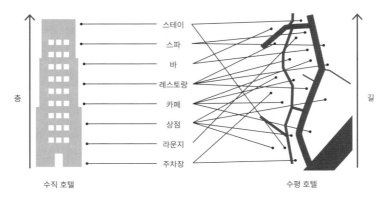

그림 30 서촌 재생 프로젝트의 개념도

스테이폴리오의 숙소들은 고급 브랜드 호텔과 비교해도 절
대 저렴하지 않습니다. 외려 더 비싼 경우가 많습니다. 그럼에
도 그 독특한 감성과 숙소가 가지고 있는 콘텐츠의 매력으로
인해 많은 사람들로부터 사랑받고 있습니다. 스테이폴리오 숙
소에 묵기 위해서는 최소 몇 개월 전에 예약을 해야 한다는 사
실이 이를 쉽게 말해줍니다.

결합과 변형을 통해
새로운 시장 가치를 만들어라

나는 다만 다른 무엇보다 '품질'이 가장 중요하다고 믿었을 뿐이고, 새로운 기술과 파괴를 두려워하는 대신 수용할 필요가 있으며, 새로운 시장을 확장해 나가는 일이 관건이라는 데 확신을 가졌을 뿐이다.

—《디즈니만이 하는 것》[17] 중에서

온라인에서의 사업 모델은 세 가지밖에 없다

이제까지 온라인 환경에서 새로운 시장을 만들어가고 있는 다양한 주체들을 살펴보았습니다. 이들은 매우 다양한 도메인 영역에서 새로운 방법으로 사업을 영위하고 있지만, 이 모든 서비스들을 단순화시켜 보면 형태는 딱 세 가지라는 것을 알 수 있습니다. ①콘텐츠·서비스·상품을 개발하고 제작하여 판매하거나, ②사람들 간의 니즈를 연결하여 서비스를 제공하고 중개 수수료를 받거나, ③많은 사람들을 모은 후 광고 수수료를 받는 것이지요. 이 세 가지 유형을 기반으로 각 서비스사업별로 가장 적합하게 사업모델을 구체화해 나가는 것이 온라인 환경에서의 새로운 시장 형태라고 이해하면 쉽겠습니다.

또 한 가지 기억해야 할 점은, 어떤 사업도 하나의 사업모델만을 고집하지는 않는다는 것입니다. 물론 가장 확실한 기둥이 되어야 할 모델은 한 가지로 명확해야 하겠으나, 그와 더불어 다양한 방법으로 수익을 창출할 수 있도록 여러 모델을 혼합해야 생존이 가능해집니다. 예를 들어 우리에게 가장 익숙한 카카오톡을 예로 들면 이해가 쉬워집니다. 카카오톡은 이모티콘·웹툰·상품·서비스(택시·페이·게임 등) 등을 직접 생산하기도 하고, 제3자가 사업을 영위할 수 있도록 중개(이모티콘·웹툰·상품 등)를 해주기도 하며, 약 5,000만 사용자를 대상으로 적절한 광고를 제공하기도 합니다.

여기서, 온라인 환경에서 가장 핵심적인 사업모델은 '광고'입니다. 우리가 매일 사용하는 구글이나 페이스북 같은 글로벌 사업자의 가장 기본이 되는 핵심 사업모델 역시 광고입니다.

오프라인 환경에서야 지역과 대상자의 수가 한정되기 때문에 광고의 파급력이 약할 수도 있겠지만, 온라인에서는 전 세계 모든 사람이 다 광고의 대상이 될 수 있을 테니까요. 특히, 사용자에 대한 다양한 데이터를 수집하고 분석해 광고의 타깃을 더 구체적으로 제시할 수 있다는 점은 온라인 광고가 가지는 큰 장점 중 하나입니다.

새로운 시장 가치를 만드는 서비스 형태

다시 이 장의 처음으로 돌아가 살펴보자면, 새로운 시장 가치를 만드는 서비스 형태는 다음과 같습니다.

첫 번째로, 콘텐츠 또는 상품 자체로서 수익을 내는 방식이 있습니다. 대체로 이 경우 새로운 콘텐츠나 상품을 생산만 하기보다는 직접 유통하는 채널까지 가지고 가는 경우가 많습니다. 이 경우 필요한 핵심 역량은 두 가지라고 생각해볼 수 있습니다. 하나는 시장에서 사랑받을 만한 콘텐츠와 상품을 기획하고 생산할 수 있는 역량과 또 다른 하나는, 이를 적절한 마케팅으로 많이 알리고 판매하여 실질적인 수익을 만들어낼 수 있는 역량이지요. 콘텐츠 측면에서 보자면 자체 제작 콘텐츠로 차별화를 꾀하고 있는 넷플릭스나 배틀그라운드 등의 게임으로 성공을 이룬 회사들을 대표적으로 꼽을 수 있겠습니다. 그 외에도 '블랭크'나 '에코마케팅'과 같이 기존의 보세 또는 브랜드 없는 상품들 중 시장에서 관심을 가질 상품들을 기획하고 제작해 전문적인 마케팅 기술을 기반으로 신규 브랜드들을 지속 개발하는 커머스 사업자들도 이러한 유형에 속한다고 할 수 있습니다. 또 앞서도 살펴본 매스프레소나 산타토익처럼 경쟁력 있는 콘텐츠를 서비스로 제공하며 이용료로 수익을 창출하는 곳도 있습니다.

두 번째로, 제3자가 필요로 하는 특수한 기능이나 서비스를 제공하면서 수수료를 받는 방식이 있습니다. 거의 대다수의 온라인 기반 사업체들은 이 방식 또한 활용하고 있고, 이러한 유형의 서비스를 '플랫폼'이라고 명명하기도 합니다. 특히 이 '중개'의 개념은 매우 광범위하고 넓은 개념부터, 구체화된 좁은

개념까지 모두 포괄한다고 할 수 있는데요. 예를 들면, 흔히 말하는 아마존, 쿠팡, 이베이 등과 같은 커머스 플랫폼은 광범위하고 넓은 개념의 '중개사업'을 하고 있습니다. 판매를 희망하

는 사람이면 누구나 다 판매를 할 수 있도록 중개 플랫폼과 그에 필요한 다양한 서비스를 제공하고 있습니다. 이들은 어떻게 보면 대중을 고객으로 중개사업을 하고 있다고 할 수 있습니다. 반면에 좀 더 구체화된 좁은 개념의 중개사업도 많습니다. 모바일 환경의 성장과 함께 일반화된 핀테크 간편결제나 간편 송금 사업자들은 단순히 보면 카드사나 은행과 사용자 사이에서 어떤 기능을 제공하며 서비스를 중개하고 있고, 택시와 배달 등의 서비스들은 식당과 기사라는 서비스 제공자와 고객들 사이에서 서비스를 중개하고 있습니다.

마지막으로, 앞서 설명한 두 가지보다 훨씬 더 강력한 광고 방식이 있습니다. 이 역시 매우 넓고 광범위한 의미의 광고와 매우 구체적이고 협소한 의미의 광고를 모두 의미합니다. 예를 들어, 인터넷 웹서핑을 하는데 배너나 링크 형태의 광고가 노출된다면 이는 매우 협소한 의미의 광고를 의미합니다. 반면에, 온라인 환경에서 어떤 활동을 하던 중에 자연스럽게 또 다른 활동을 제안하거나 추천하는 것들은 매우 광범위한 의미의 광고라 할 수 있습니다. 1990년대 전후, 대량생산에 따른 대량 판매를 유도하기 위해 대세로 떠올랐던 마케팅이라는 방법론들이 온라인 환경에서는 매우 자연스럽게 광고로 스며들었다고도 볼 수 있습니다(물론, 온라인 환경에 최적화된 마케팅 방법론들도 분명히 있지만, 여기서 말하고자 하는 바는 그 방법에 따라 '마케팅'의 방식이

'광고' 그 자체가 될 수 있다는 의미입니다).

온라인의 특성상 이 광고라는 것이 워낙 막강하기 때문에, 직접 판매를 하거나 수수료를 취하는 수익모델이 없어도 많은

비즈니스 모델	대표 유형	예시
콘텐츠/서비스/상품 수익	일회성 결제	윈도우OS, 오피스 프로그램, 쇼핑몰 상품 판매, 웹툰/이모티콘/동영상 등 콘텐츠 판매
	정기구독	넷플릭스, 왓챠, 아마존 프라임, Zoom
	자원 부분 유료화	게임류(리니지, 서든어택, 배틀그라운드, 웹툰), 유틸리티 툴(스노우 등의 카메라서비스 등)
	시간 부분 유료화	레진코믹스, 웹툰, 애니팡, 네이버/멜론 뮤직
	기부 모델	아프리카TV 별풍선, 유튜브 슈퍼챗
중개/서비스 수수료	이커머스 중개	아마존, 지마켓, 옥션, 쿠팡, 네이버스토어
	콘텐츠 및 서비스 중개	구글플레이, 앱스토어, 카카오 게임하기, 카카오 이모티콘
	결제 중개	토스, 카카오페이, 이니시스, 나이스정보통신
	P2P중개(Peer to Peer)	크라우드펀딩(8퍼센트, 와디즈), 온디맨드 서비스(배달의민족, 요기요)
광고 수수료	검색 광고	구글, 네이버, 카카오
	디스플레이 광고	네이버 메인광고, 구글 애드센스
	이메일 광고	지마켓, 옥션, 아마존
	리워드 광고	캐시슬라이드, 쿠팡파트너스, 애드라떼
	피드형 광고	페이스북, 인스타그램, 트위터
	콘텐츠형 광고	버즈피드, 피키캐스트, 팟캐스트
	동영상 광고	유튜브, 판도라TV, 네이버 Wave

표 3 온라인 서비스의 BM 상세 유형 사례 예시

사용자들을 오래 묶어둘 수만 있다면 큰 성공을 이룰 수 있습니다. 거대 IT회사들의 주 수익원은 바로 이 광고에 있기도 합니다.

　단순하게 보자면 세 가지지만, 현존하는 사업자들은 저마다의 특성에 맞는 세분화된 상법으로 수익을 창출하고 있습니다. 그렇다고 그 다양한 방법들이 창의적으로 완전히 새롭게 만들어진 것들은 아닙니다. 새로운 시장을 만들고자 할 때, 이전에 없던 방식으로 수익을 창출하려고 고민하기보다는 기존에 존재하는 방법들 중 어떤 방법이 가장 적합할지, 다양한 시장 참여자 중 누구로부터 수익을 확보할 것인지 고민하는 것이 더 중요하겠습니다.

현실적 계획이 아닌 이상적 몽상을 주의하자
: 전략과 실행 계획

낡은 시장 바꾸기의 3 step

나쁜 전략의 특징

· 미사여구: 실질적인 내용이 없는 전략일수록 쓸데없이 어렵고 추상적인 용어들을 늘어 놓아서 고차원적인 사고의 결과물인 듯한 착각을 심어주려고 한다.

· 문제 회피: 나쁜 전략은 문제를 명확하게 정의하지 않는다. 문제를 정의하지 않으면 전략을 평가하거나 개선할 수 없다.

· 목표와 전략의 혼동: 나쁜 전략은 장애물을 극복하기 위한 구체적인 계획 없이 희망사항만 제시한다.

모든 사업의 궁극적인 목표는 '수익 창출'이기는
하겠지만, 실제 실행에 있어서는 이를 세분화해서 고민해보아
야 합니다. 특히 이미 존재하는 시장에 진입하는 것이 아니라,
낡은 시장을 바꾸어 새로운 시장을 형성하겠다는 포부를 가지
고 있다면 더더욱 세분화된 계획이 중요합니다.

이는 단지 온라인 환경에 국한되지 않고, 상품과 서비스 기
반의 영업을 중시하던 1990년대 전후부터 시장이 배워온 사실
입니다. 제프리 무어는 캐즘을 극복하기 위해서는 타깃을 명확
히 구분하고 그에 맞는 접근방식을 택하는 것이 중요하다고 했
습니다. 이는 낡은 시장 바꾸기에도 똑같이 적용됩니다.

이를 기반으로 낡은 시장이 새로운 시장으로 안착되는 과정
을 3step으로 단순화해볼 수 있습니다.

Step1 – 선도 수용자, 조기 수용자를 대상으로 낡은 시장 바
꾸기를 시작하고
Step2 – 캐즘의 골을 넘어 초기 대중까지를 대상으로 대중
화를 진행하고

Step3 – 후기 대중까지 이를 확장하며 새로운 시장을 안착 시킵니다.

사실 위에서 언급한 세 가지 단계 하나하나가 매우 어렵고 오랜 시간을 요하는 과정들입니다. 다만, 이렇게 단순화하여 보고자 하는 이유는 각 단계별로 집중해야 할 일과 달성해야 할 목표가 각각 다르기 때문입니다.

처음 낡은 시장을 거부하고 새로운 시장을 만들고자 할 때에는 새로운 시도에 목말라 있고 적극적으로 지지하고자 하는 의지가 있는 '선도 수용자'와 '조기 수용자'가 중요합니다. '선도 수용자'와 '조기 수용자'를 하나로 묶기는 했지만 이들은 비슷하면서도 매우 다른 성격을 가진 사람들이라고도 볼 수 있습니다. 제프리 무어에 의하면 선도 수용자들은 기술 매니아들로, 일반적으로 우리가 '덕후'라고 칭하는 사람들이라고 이해하면 쉽겠네요. 그들은 특정 분야에 대한 몰입도가 높으며, 새로운 것들에 대한 관심이 많고, 먼저 체험해볼 수 있다면 높은 금액을 지불하기도 합니다. 다만, 전체 시장을 놓고 보자면 이러한 선도수용자들의 비중은 높지 않습니다. 또, 선도 수용자들은 앞으로 될 만한 것들뿐 아니라, 절대 성공할 가능성이 없는 것들까지도 무엇인가 매력이 있다면 구매하는 특성을 가지고 있습니다. 이들은 기술 그 자체에 관심이 있지, 사업성에는 크게 관심이 없습니다. 때문에 이 단계에서는 수익화에 대한 기대는

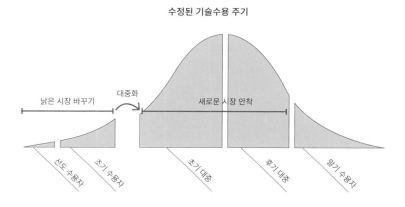

수정된 기술수용 주기

낡은 시장 바꾸기　　대중화　　새로운 시장 안착

선도 수용자　　조기 수용자　　조기 대중　　후기 대중　　말기 수용자

그림 31 기술수용 주기를 단순하게 생각해보기

가지지 않는 편이 좋습니다.

　다음으로 '조기 수용자'들은 선도 수용자들을 유혹한 어떤 기술이나 상품·서비스의 사업성을 감지하는 사람들입니다. 이들은 기술 그 차체보다도 이것을 기반으로 할 수 있는 혁신적 미래에 더 관심이 많습니다. 제프리 무어는 이런 이들이 대체로 기업의 중역이거나, 투자자의 위치에 있다고 설명합니다. 선도수용자의 선택을 받은 새로운 시장 중 극히 일부만이 조기 수용자의 선택을 받게 된다고 할 수 있겠네요. 그리고 이 단계까지도 새로운 시장의 기반을 마련하는 게 목표가 될 뿐, 아직은 수익화를 하기 어렵습니다.

　선도 수용자가 직접 경험해보며 최소한의 검증 데이터를 만들면, 조기 수용자는 이들 중 성장 가능성이 보이는 것들을 취

사선택해 사업적인 그림을 그리거나 사업화하는 데 필요한 자원을 지원합니다. 이 과정을 바로 '대중화'를 준비하는 단계라고 할 수 있습니다. 그 과정에서 막대한 마케팅 비용이 소요될 수도 있고, 창의적인 아이디어들이 필요할 수도 있습니다. 그리고 이렇게 대중화에 성공하게 되면 '초기 대중'과 '후기 대중'을 통해 새로운 시장을 안착시킬 수 있고, 이 즈음에서야 수익화로 이어질 수 있습니다.

그런데 문제는, 이 과정에 시간이 얼마나 소요될지, 비용이 얼마나 들어갈지는 표준화하여 설명하기 어렵다는 점입니다. 모든 사업이 세 단계를 거쳐 성숙하게 되는데, 그 사이의 일은 아무도 장담할 수 없는 것이지요. 어떤 사업의 경우 매우 빠르게 3단계에 도달할 수 있을지 모르나, 어떤 사업은 정말로 오랜 기간이 소요되거나 아예 각 단계를 통과하지 못할 수도 있습니다.

그래서 추진하고자 하는 사업의 형태에 따라 이 3단계 과정을 매우 구체화하여 계획해야 합니다. 사실, 미래의 일들이니 모두 다 상상이고 가설일 수밖에 없겠지요. 그리고 이 가설이 비단 '상'에 그치지 않도록 매우 실증적인 데이터를 기반으로 구체적으로, '실현 가능성이 있는 전략과 계획'을 세워야 합니다.

좋은 전략은 내가 '중핵(Kernel)'이라고 부르는 논리적 구조를 가져야 한다. 전략의 중핵은 진단, 추진방침, 일관된 행동이라는 세 가지 요소를 지닌다.

—《전략의 거장으로부터 배우는 좋은 전략 나쁜 전략》[19]

중에서

전략의 거장 리차드 루멜트는 저서《전략의 거장으로부터 배우는 좋은 전략 나쁜 전략》에서 좋은 전략에 빠지지 않아야 할 핵심 요소로 '진단, 추진방침, 일관된 행동'이라는 세 가지 요소를 꼽습니다. '진단'은 말 그대로 상황과 문제를 정의하는 과정입니다. 뛰어난 진단은 결정적인 측면을 파악하여 오히려 복잡한 상황을 단순화시키고 핵심적인 문제를 파악하게 한다고 합니다. '진단'부터 모든 일이 시작되기 때문에 이 문제에 대한 파악과 정의가 제대로 이루어지지 않으면 이후의 전략들이 쓸모없거나 무용해질 수밖에 없겠죠. 그리고 제대로 된 '진단'이 끝나면 그로부터 파악된 '문제'를 해결할 수 있는 '추진 방침', 즉 전략과 계획을 세우고 이에 따라 '일관되게' 행동해야 한다고 합니다.

리차드 루멜트는 NASA에서 제트기를 연구했던 엔지니어로, 사실은 전략가와 거리가 멀어 보이기도 합니다. 그러나 그의 전략이론이 세계적으로 인정받는 이유는 그의 전략이론은 '제트기 설계 방법'만큼이나 매우 구체적이고 실현가능하도록 사업방법론을 단순하고 명료하게 설명하기 때문입니다.

제트기와 같은 새로운 기기의 설계도 현재의 기술과 자원, 시간과 노하우를 활용해 더 나은 성능의 효율적인 기기를 만드는 것을 목표로 합니다. 사업이나 새로운 시장과 같은 용어들이 어쩌면 모호한 의미들을 내포하고 있을지 모르지만, 실제로 성공하기 위해서는 하나의 기기를 설계하는 것만큼이나 정교하며 실현 가능한 전략과 계획을 세워야 한다는 면에서는 비슷하다고 봅니다.

새로운 시장을 만들어나가는 데 있어서 어느 정도는 상상으로부터 출발할 수 있겠지만 그 전략과 계획이 어릴 적 그렸던 상상화처럼 아무런 현실 데이터 없이 구성되었다면 그저 '이상적 몽상'에 불과할 것입니다.

당연히 수십 번 작게 실패하고, 그러다 한 번 크게 성공한다

실패 계획을 세워라. 처음부터 옳다고 생각하는 것에 모든 자원을 투자하지 마라. 파괴적 기술을 상용화하기 위해 벌이는 최초의 노력을 학습 기회로 간주하라. 데이터를 수집하면서 계획을 수정하라.

―《혁신기업의 딜레마》[20] 중에서

낡은 시장을 바꾸기 위한 3 step을 좀 더 빠르고 효율적으로 진행하기 위해서는, 앞에서 계획한 가설과 계획을

　20 　클레이튼 M. 크리스텐슨 지음, 이진원 옮김, 세종서적, 2009, p.326

빠르게 확인해보는 작업이 중요합니다. 앞서 낡은 시장에 대한 시장조사가 얼마나 무의미한지 컨설팅의 사례를 기반으로 이야기했었고, 클레이튼이 주장한 '실패를 통한 학습'이 얼마나 중요한지도 함께 이야기했습니다. 이때에 무작정 시도하고 실패하기보다는, 어떤 방법을 이용해 가장 효율적으로 가설을 검증하고 적절한 방법을 선택할 수 있을지 이해하는 것도 매우 중요합니다.

예를 들어, 몇 년 전부터 미국과 유럽을 중심으로 활발히 증가하고 있는 '임파서블 버거'를 만들어 팔겠다는 생각을 해봅시다.

모호한 가설	점점 더 많은 사람들이 채식을 하니, 콩으로 만든 고기를 좋아할 거야.
XYZ 가설	매년 채식주의자 비율이 X퍼센트로 증가하고 있으니, 그 중 Y퍼센트의 사람들은 고기의 식감을 그리워해서 최소 Z회 이상 임파서블 버거를 사먹을 거야.

이렇게 가설을 구체화해보는 것만으로도 어떻게 검증할지에 대한 방법론을 찾을 수 있습니다. 간단하게는 설문을 할 수도 있을 것이고, 어쩌면 가짜 메뉴판을 만들어 고객을 관찰해볼 수도 있을 듯합니다. 여기서 중요한 점은 가설이 구체적이어야 어떻게든 검증을 해볼 수 있고, 그러한 검증을 작게 여러 번 반복할수록 아이디어는 더 구체화되며 실체를 갖게 된다는 점입니다. 또는, 안 될 아이디어라면 빠르게 버릴 수 있기도 할 겁니다.

21   임파서블 푸드는 스탠퍼드 대학의 생화학과 교수 패트릭 브라운이 2011년에 창업한 대체육류 회사다. 이들의 주력 상품은 5년간의 연구를 통해 개발해낸 식물성 햄버거 패티로, 미국 샌프란시스코, LA, 뉴욕 등 8곳에서 임파서블 푸드의 패티로 만든 '임파서블 버거'가 판매되고 있다. 미국 대형 식품유통업체인 시스코, US푸드와 유명 레스토랑에 납품 계약도 체결한 상태다.

미캐니컬 터크 프리토타입	값비싸고 복잡한 기술이나 아직 개발되지 않은 기술이 있고, 인간이 은밀히 그 기술을 대신 구현하는 것이 가능할 때
피노키오 프리토타입	언젠가는 진짜 소년이 되기를 꿈꾸던 나무 인형이었던 피노키오처럼, 실제 작동하는 제품이 되기를 바라는 '무엇'을 사용하는 연기해보기
가짜 문 프리토타입	아직 내놓을 게 아무것도 없다 하더라도, 어떤 제품이나 서비스가 존재하는 것처럼 보일 만하게 제공하여 데이터를 얻는 방식
외관 프리토타입	가짜 문 방식을 사용하기에는 비윤리적이거나 불법일 경우, 실제 제공 가능한 것들에 대해서 데이터를 얻을 수 있는 방식
기타	유튜브 프리토타입, 하룻밤 프리토타입, 잠입자 프리토타입, 상표 바꾸기 프리토타입 등 간단하게 테스트해볼 수 있는 모든 방식

출처 《아이디어 불패의 법칙》 내용 정리

표 4 다양한 프리토타입의 방법들

장애물과 반대에 힘겹다면,
그것이 바로 낡은 시장 바꾸기다

무언가를 포기하는 것은 항상 심한 저항에 직면하기 마련이다. 어느 조직에서나 구성원들은 이제는 쓸모없어진 것들, 즉 효과를 기대했으나 그렇지 못한 것들, 한때는 생산적이었지만 더 이상 그렇지 못한 것들에 집착하는 경향을 보인다. 그러나 폐기하는 용기가 필요하다. 폐기되지 않으면 아무것도 이루지 못한다. 무엇을 폐기할 것인가를 놓고 토론을 벌이다 보면 사람들은 감정이 격화되는 소용돌이에 휘말리기도 한다. 그만큼 무언가를 폐기한다는 것은 어려운 일이다.

-《피터 드러커의 최고의 질문》[22] 중에서

 22 피터 드러커·프랜시스 헤셀바인·조안 스나이더 컬 지음, 유정식 옮김, 다산북스, 2017, p.154

사업을 추진하다 보면 여러 의견들을 마주하게 됩니다. 정서적으로 낯선 것에 대한 거부감을 드러내는 반대를 마주할 수도 있고, 제대로 이해를 하지 못해 발생하는 여러 문제들을 장애물로 만나게 될 수도 있습니다. 또 '낡은 시장'이 계속되기를 바라는 다양한 주체들로부터 비난을 받을 수도 있고, 때로는 거칠게 저항하는 이들을 만나게 될 수도 있겠지요.

우리가 일상적으로 접하는 뉴스 가운데에도 이러한 내용을 심심찮게 찾아볼 수 있습니다. 몇 년 전에는 모바일 기반 택시 플랫폼과 택시회사 간의 충돌이 있었고, 최근에는 서울·경기권을 중심으로 확산되고 있는 킥보드에 대한 찬반이 뜨겁습니다. 핀테크나 블록체인과 같은 기술 기반 사업들은 다양한 규제와 충돌하고, 지역 기반 중고거래 플랫폼 당근마켓은 비정상적 사용행태를 보이는 사용자들로 인해 몸살을 앓고 있습니다.

이렇듯 새로운 시장이 익숙해지기까지는 다양한 형태의 장애와 반대를 만나게 됩니다. 그것을 극복하며 성장해 나가는 것은 당연한 수순일 수밖에 없고, 오히려 그 저항이 크면 클수록 새로운 시장의 가능성을 품고 있다고 말할 수 있는지도 모릅니다. 다음 장에서는 좀 더 구체적으로 낡은 시장을 바꾸는 과정에서 마주할 수 있는 여러 장애요소들과, 이에 대처하는 방법들에 대해서 살펴보고자 합니다.

아마 모두 지금 이대로가 좋다고 말할 것이다

새로운 시장의 향방은 '설득'에 달려 있다

"우리가 우리의 정찬을 기대하는 것은 푸줏간 주인, 양조업자, 빵 굽는 사람의 자비로부터가 아니라 그들이 자신의 이익에 대해 기울이는 관심으로부터이다. 우리는 그들의 박애(博愛)가 아니라 그들의 자애(自愛)에 말을 걸고, 그들에게 우리 자신의 필요에 관해 이야기하지 않고 그들의 이득에 관해 이야기한다."

경제학의 아버지로 평가받는 애덤 스미스의 《국부론》중 한 문장입니다. 쉽게 해석하자면, 모든 시장 참여자들은 본인의 이익을 최우선으로 생각하기 때문에 그들로부터 무엇인가 얻고자 한다면 '필요'가 아니라 '이익'에 대해서 이야기해주어야 한다는 의미입니다.

낡은 시장의 관점에서 이 의미를 떠올려보면, 왜 낡은 시장을 바꾸기 어려운지 좀 더 쉽게 이해가 되기도 합니다. 낡은 시장이라는 시스템에 속해서 무엇인가 이익을 취하고 있던 이들에게 '이 시장 대신에 새로운 시장으로 갑시다.'라고 한다면 가장 먼저 떠올릴 것은 '낡은 시장과 함께 사라질 나의 이익'이 될 것입니다. 그러므로 당연히, 지금 이대로도 좋다고 반대하거나, 방해를 하거나, 새로운 시장에 무관심한 태도를 보일 수 있겠지요.

동일하게 이러한 이유로, 대체로 새로운 시장을 주창하는 이들은 낡은 시장에서 안정감을 느끼는 종류의 사람들이 아닙니다. 낡은 시장에 자리가 없거나, 혹은 그곳이 지겹고 싫어서 떠났거나, 또는 아주 구체적이고도 치명적인 낡은 시장의 문제점을 인지한 이들일 것입니다.

사업과 사기의 공통점과 차이점

어떤 벤처 투자자가 스타트업을 평가할 때 중요하게 생각하는 것들에 대해 답하는 인터뷰를 본 적이 있습니다. "말만 잘하는 대표도 문제지만, 말 못하는 대표는 더 문제다. 본인이 상상하고 계획하는 것들을 직원들이 실행에 옮기고 현실화할 수 있도록 설득하고 전달해야 하는데, 말을 못하면 그게 안 된다." 이 말을 듣고 크게 공감이 되었습니다.

사실 대다수 새로운 시장은 누군가의 상상력이나 아이디어, 또는 바람으로부터 시작합니다. 이 꿈과 같은 것들이 여러 사람의 도움으로 점차 실체를 갖춰가며 세상에 영향력을 미치는 새로운 시장이 되어가는 것이지요. 어떤 새로운 시장도 '단 한 사람'의 노력만으로는 절대 실현될 수 없다고 본다면, 새로운 시장의 주동자는 최소한 수십에서 많게는 수천, 수만 명의 사람들을 하나의 목표로 움직일 수 있어야 합니다. 이 도구가 바로 쉽게 말하면 '말'이고, 경영학적 용어로 하자면 '리더십'이 되겠지요.

사업가와 사기꾼은 어떤 시점에만 놓고 본다면 거의 비슷해 보일 수 있습니다. 미래에 대한 비전을 이야기하는 순간, 이야기를 듣는 사람의 이익에 대해서 설득하는 순간, 앞으로의 장밋빛 미래에 대해 이야기하는 순간은 사실 두 사람을 구분하기 어려워 보일 수도 있습니다.

이 둘의 차이가 극명히 나타나는 순간은 바로 휘황찬란하게 말했던 것들이 실현되거나 혹은 실현될 수 없는 것으로 판별되는 순간일 것입니다. 그가 이야기했던 바와 크게 다르지 않은 시점에 크게 다르지 않은 성과로 나타난다면 그는 '사업'을 한 것이고, 그 어떤 성과도 없고 아무것도 만들어진 것이 없다면 '사기'에 가까워진다는 의미지요.

그러나 이것만으로는 충분해 보이지 않습니다. 사업이란, 진정 열과 성을 다해 추진을 하다가도 실패할 수 있으니까요. 그래서 국내법상으로는 사기를 구분함에 있어 첫째로는 '실현하지 않을 의도성'이 있었고, 둘째로는 '적절한 노력을 다하지 않았을 때'라는 기준을 두고 있습니다.

여기서 중요한 점은, 사실 시작하는 시점에는 '사업'도 '사기'와 크게 구분하기 어려울지 몰라도, '적극적인 실행 가능성'을 전제로 하는 사업은 단순히 미사여구로 사람을 현혹하는 것이 아니라 실현 가능한 계획과 성취 가능한 성과를 전제로 설득한다는 점입니다. 아름답고 빛나는 청사진뿐 아니라, 그것을 실현할 방법과 계획이 매우 구체적이어야 한다는 뜻이기도 합니다.

감정적 설득보다 이성적 설득

이렇게 설득하는 과정에 있어, 가장 저지르기 쉬운 실수는 '좋은 점'만 이야기하는 것입니다. 얼핏 듣기에 새로운 시장의 좋은 점을 인정할 수 있을지 모르나, 그것으로 '새로운 시장'에 필요한 '이해관계자들'을 움직일 수는 없습니다. 왜냐하면 그 과정은 새로운 것들을 학습하거나, 적응하는 등 번거롭고도 어려우며, 이전에 필요없던 '노력'을 요할 수도 있으니까요.

'낡은 시장을 바꾸기 위한 설득'에서 가장 중요한 점은, 참여자들이 확보하게 될 '효익'에 대해서 분명하고 구체적으로 이해시켜야 한다는 것입니다. 인공지능 기술을 예로 생각해봅시다. 인공지능 기술이 성숙하고 실제 생활에서 활용할 수 있게 되면 많은 사람들의 일자리가 사라질 것이라고 합니다. 이미 그러한 단계로는 접어들어서 완전히 부인할 수는 없을지도 모르겠습니다만, 이러한 공포는 어쩌면 미래의 대다수 상세한 모습들이 불명확하게 안개에 가려져 있다는 점 때문인지도 모릅니다.

실제로 인공지능이 가장 빠르게 대체할 분야로 '회계'를 손꼽는 경우가 많습니다. 기업의 재무제표나 공시자료는 숫자와 텍스트를 포함하고 있고, 컴퓨터가 상대적으로 읽기 쉬운 자료입니다. 또한 이미 수십 년 간 쌓여 있는 방대한 데이터가 있기에 인공지능을 학습시키기에도 상대적으로 유리합니다. 또한 재무감사에 있어서도 도움이 될 만한 증거들을 공시자료 이외의 다양한 매체(경영자의 메시지, 뉴스, 유튜브 동영상 등)를 통해 분석하여 확보할 수도 있습니다.

인공지능시스템은 회계사를 대체하는 방식이 아니라

회계법인의 지원시스템에 내재되어 회계사의 업무를 효율화시키는 방향으로 발전하고 있다. 지식요소가 내재된 지원시스템을 지능형지원시스템이라고 부른다. Big-4 회계법인들도 최근에 인공지능에 대한 투자를 늘리고 있다. KPMG는 IBM Watson과 협력해서 Clara라는 지능형 지원시스템을 개발했다. Deloitte는 인공지능 시스템인 Argus 및 Optix를 개발해서 텍스트마이닝으로 문서를 분석하고 이상패턴을 감지하는 등 감사업무를 지원하고 있다. PwC는 인공지능을 토대로 분석도구인 Aura, Halo를 개발해서 감사업무를 지원하고 있다. Ernst & Yong도 인공지능의 활용을 늘리고 있다. 인공지능시스템을 활용함으로써 회계사들은 일관성 있고 정확하게 업무를 처리할 수 있다.

－〈인공지능과 회계〉[23] 중에서

정말로 어떤 직업들은 사라질 수도 있겠지만, 대다수의 사람들은 '더 중요한 일'에 집중할 수 있을지도 모릅니다. 낡은 시장을 전복하고 새로운 시장을 만들 때, 기존 시장의 이해관계자들을 설득하기 어려울 때는 설득되어야 하는 상대방이 무엇을 잃고 무엇을 얻게 될지, 그래서 새로운 시장에서 그가 얻게 될 더 큰 가치가 무엇인지 이성적으로 설명해주어야 합니다.

4장 새로운 시장의 탄생 조건

모든 사람이 같은 이미지를
그릴 수 있어야 한다

새로운 시장을 만들고자 할 때 정말로 많은 사람들의 참여가 필요합니다. 대부분의 경우 새로운 시장의 미래상은 입에서 입으로, 말로 전달되곤 합니다. 문제는 '새로운 시장'에 대한 이미지가 사람들의 머릿속에 각기 다르게 그려질 수 있다는 점이죠. 전혀 다른 모습이 그려지면, 실행방법과 계획도, 필요한 시간이나 리소스도 모두 달라질 수밖에 없습니다(기획

고객이 설명한 것

프로그래머가 개발한 것

베타테스터가 받은 것

컨설턴트가 그려놓은 것

막상 운영자가 설치한 것

고객이 지불한 것

광고에서 보이는 것

고객이 진짜 원한 것

그림 32 설명과 이해의 괴리

서의 중요성을 언급할 때 자주 활용되는 이미지인 그림32를 보면 이를 잘 알 수 있습니다).

그렇기 때문에 새로운 시장에 대해 이야기할 때 매우 정교한 언어와, 전제가 동반되어야 합니다. '자율주행차'에 대해 이야기한다면, 우리가 이야기하는 결과가 나오는 명확한 시점과, 그 시점에 제공 가능한 기술과 제품 및 서비스의 수준 등이 매우 상세하게 전달되어야 하는 것이죠.

낡은 시장과 새로운 시장의 관계 방정식

충돌하는 이익이 없다면,
새로운 시장이 아니다

새로운 시장은 언제나 낡은 시장의 이익과 충돌하며 나타납니다. 새로운 시장이 커질수록 낡은 시장은 작아질 수밖에 없다는 피할 수 없는 관계 방정식 때문입니다. 때문에 서로의 이익이 충돌한다고 해서 겁먹거나 새로운 시장으로 전환하려는 시도를 포기할 필요는 없습니다. 다만, 이익의 충돌을 극복할 수 있는 전략적인 계획이 필요합니다.

시장은 언제나 다수의 이해관계자들과의 관계를 기반으로 형성될 수밖에 없습니다. 낡은 시장의 이해관계자 중 누구를 새로운 시장으로 끌어들이고, 누구를 밀어낼지 상세하게 분석해 전략적으로 판단해야 합니다. 대부분의 경우 낡은 시장에서도 필수적인 역할을 하고 있다면 새로운 시장에서도 환영받을 확률이 높고, 낡은 시장에서 구시대의 산업 프레임을 이용해 부당한 이득을 취하고 있었다면 새로운 시장에서도 거부당할 확률이 높습니다.

역할의 경중을 기능적으로 볼 수는 없습니다. 다만, 기술과 세상의 변화에 얼마나 민감하게 대응하고 준비하고 있었느냐에 따라 결과값이 달라진다고 보는 게 맞겠지요. 또 설사 낡은 시장에서의 역할을 새로운 시장에서 지속할 수 없다고 해도, 새로운 시장에 진입하고자 하는 열망이 있는 이해관계자들은 그 안에서 필요한 새로운 역할을 발견하고, 정착할 수 있을 것입니다. 때문에 이익의 충돌로 득을 보는 자와, 피해를 보는 자를 감정적으로 바라보지 않아도 된다고 말씀드리고 싶네요.

상상력과 긍정적 믿음을 가지고

"자네가 무언가를 간절히 원할 때 온 우주는 자네의 소망이 실현되도록 도와준다네."

—《연금술사》[24] 중에서

앞서 새로운 시장은 필연적으로 낡은 시장과 충돌할 수밖에 없다고 했습니다. 때문에 시장을 개척해나가는 시작 단계부터 많은 문제들이 생겨날 것입니다. 어쩌면 근거 없는 낙관적 마음가짐이 무엇보다 필요할 수도 있습니다. 새로운 시장을 계획하고 추진함에는 이성적이고 냉정한 태도가 필요하지만, 새로운 시장의 가능성을 바라볼 때는 무엇이든 가능하다고 믿는 힘이 필요할 수도 있습니다.

또한 새로운 시장이라는 것은 당연히 이전의 낡은 시장과는 다를 것이고, 그렇기 때문에 새로운 상상력과 긍정적 믿음이 필수불가결하다고도 할 수 있겠지요.

사실 현재 몸담고 있는 신약발굴 AI기술 시장도 역사가 그리 오래되지 않습니다. 또한 아직, AI가 예측한 물질이 임상시험 전 과정을 끝내고 성공과 실패라는 결과를 내지도 못한, 아주 초기 시장이라고 할 수 있습니다. 현재 신약발굴 AI 기술 시장에서 가장 선도적으로 나아가고 있는 베네볼렌트 AI(Benevolent AI)라는 영국계 회사에서 임상 1상에 진입했다고는 하나, 임상 3상까지 마무리하고 약물이 시장에 시판되기까지는 적어도 5년 이상 소요될 것으로 예상하고 있습니다. 신약발굴 AI시장도 계속해서 성장하며 그 과정에서 무수한 성공과 실패를 남기게 되겠지만, 언젠가는 모두가 인정하는 주류 시장으로 인정받을 수 있으리라는 기대와 희망을 기반으로 합니다. 오늘날 실현 가능한 기술과 추진 가능한 전략과 계획으로 한 발 한 발 내딛다 보면 언젠가는 그 시기에 접어들 수 있으리라 믿고 있습니다.

낯선 것은 싫기보다는 두려운 것

2014년 말, 카카오에서는 카카오페이라는 핀테크 서비스를 출시했습니다. 당시에는 핀테크라는 용어도 없어서 우리가 개발한 서비스를 무엇이라 불러야 할까 의견이 분분했습니다. 그만큼 낯선 영역이었지요. 카카오페이를 내놓았을 때 처음 사용하는 이들은 IT업계에 종사하거나 새로운 기술에 관심이 많은, 일반적이지는 않은 사람들이었습니다.

때문에 서비스를 활성화하기 위해 다양한 형태의 사용자 조사를 통해 '왜 사용하지 않는지, 어떤 점이 우려되는지' 여러 방법과 루트로 의견을 수집했습니다. 당시 가장 큰 이슈는 '보안에 대한 우려'였습니다. 일반적으로 금융서비스는 그간 굉장히 보안 수준이 높고 규제당국의 관리를 받는 영역으로 여겨왔는데, 반대로 메신저 플랫폼은 매우 가볍고, 보안이 크게 중요하지 않을 것 같은 서비스로 인지되고 있었으니까요.

물론 서비스 출시 전 기존 금융사와 시스템적으로 연결되어야 했고, 그래서 이미 금융당국에서 요구하는 보안 수준을 모두 만족시켜두었지만 사용자들에게는 여전히 '재미로 사용하는 메신저 플랫폼'이라는 이미지가 강했나 봅니다. 특히, 더 쉽

205

고 간편한 사용을 위해 금융서비스에서 사용하던 공인인증서 없이 송금과 이체가 가능하도록 하고, 비밀번호도 간단한 6자리 숫자만을 입력하도록 했는데 바로 이 지점이 '보안에 대한 우려'를 증폭시키는 역할을 했습니다.

그래서 쉽게 사용 가능하지만 안전하다는 이미지를 심어주기 위해 다양한 마케팅 활동을 해야 했습니다. 그럼에도 불구하고 단기간 내 성과가 나오지 않았습니다. 2014~2015년까지도 보안에 대한 우려, 신뢰할 수 없다는 이미지를 극복하기 어려웠습니다. 그러다 2016년으로 접어들어 더 많은 핀테크 서비스들이 출시되고, 심지어 많은 금융사들이 기존의 모바일뱅킹이나 결제플랫폼 외에 더 편리하고 쉬운 서비스들을 내놓기 시작했습니다.

그러자 2014~2015년 사용자 조사 시 항상 이슈로 손꼽혔던 '보안에 대한 우려'는 조용히 자취를 감추었습니다. 이후 특별히 서비스 기능을 바꾼다거나 보안을 강화하기 위한 별도의 개선이 있었던 것이 아니었는데도, 사용자들은 약 3년의 시간 동안 자연스럽게 '메신저 플랫폼 기반 핀테크 서비스'를 친숙하게 느끼기 시작했습니다. 사실상 초기 출시버전과 보안 수준이 크게 달라지지 않았는데도, 친숙도가 높아진 것만으로도 서비스에 대한 우려가 사라진 것이지요. 즉, 친숙해진 것만으로 신뢰도가 높아진 것입니다.

실제로 오랫동안 '신뢰'에 대해 연구해온 노스이스턴 대학의

심리학 교수 데이비드 데스테노David Desteno는 "세상에 믿을 만한 사람과 못 믿을 사람은 고정된 것이 아니"며 "각자의 욕망이 충돌하면서 신뢰는 그때그때 이익에 따라 움직이는 것뿐"이라고 말했습니다. 옛말에 세 명이 모이면 한 명을 바보로 만들 수 있다는 말이 있지요? 비슷한 의미입니다. 어쩌면 신뢰라는 것은 정말로 어떤 현상이나 물건, 서비스, 사람에 대해서 잘 알아서 생기는 것이라기보다는 '신뢰할 수 있을 것이라 믿는 사람들이 많아지면' 자연스럽게 생기는 현상이라고 볼 수 있습니다. 그렇다고, 자격 미달의 상품이나 서비스, 사람이 신뢰받을 수 있다는 의미는 아닙니다. 신뢰를 받을 수 있을 만한 수준을 갖추었다면, 처음에는 아닐지 몰라도 시간이 지나면서 자연스럽게 신뢰가 쌓인다는 의미로 이해할 수 있겠지요.

낡은 시장이 새로운 시장으로 바뀌면 처음에는 단순히 '낯설기 때문에' 거부하는 이들이 많을 수도 있습니다. 그렇지만 이러한 부분은 시간이 해결해줄 수도 있으니, 성급하게 '친숙도와 신뢰도'를 높이기 위해 무리한 노력을 하는 것보다는, 꾸준하고도 묵묵하게 새로운 시장을 키워나가는 게 더 중요할 듯합니다.

시장의 일과 국가의 일

마지막으로 가장 중요한 것은 모든 리더는 미래의 기회
보다 미래의 위험에 초점을 맞추는 유혹을 거부해야 한
다. (…)대공황이 전 세계를 휩쓸었던 1930년에 영국의
위대한 경제학자 존 메이너스 케인스는 앞으로 10년 후
에 진보적 국가의 생활 수준이 당시보다 4배에서 8배
정도 높아질 것이라고 예측했다. 대공황, 세계를 황폐화
시킨 두 차례의 세계대전과 냉전에도 불구하고 케인스
의 낙관적 예측은 오늘날 현실이 되었다.

―《미래의 속도》[25] 중에서

뉴스를 보다 보면 새로운 시장의 등장으로 일자
리를 잃거나, 피해를 보는 사례들을 쉽지 않게 찾아볼 수 있습
니다. 그런 모습을 볼 때면 마음이 아프기도 하고, 또 실제로 새
로운 시장으로 변하는 과정에서 양쪽 모두 상처를 받는 경우들
이 많습니다.

최근 사례로는 카카오택시를 대표적으로 꼽을 수 있습니다.
택시운전을 위한 라이센스는 국가에서 제한하여 발급하고 있
었고, 때문에 기존의 택시 운전사들은 어렵게 라이센스를 확보
해 생계활동을 하고 있었습니다. 다만, 그러한 성격 덕에 택시
산업은 고객의 눈높이에 맞게 변화하지 못했고, 카카오택시와

25   리처드 돕스·제임스 매니카·조나단 워첼 지음, 고영태 옮김, 청림출판, 2016, p.293

같은 서비스의 등장으로 매우 큰 변화를 맞이하게 되었습니다. 그 과정에서 택시운전자를 대표하는 사람들과 회사 간의 충돌도 많았고, 여러 사람이 정신적, 신체적인 어려움을 겪기도 했습니다.

그럼에도 시장은 그 나름대로 계속해서 변화해가고 있습니다. 시장이라는 것도 어떻게 보면 많은 사람들의 삶으로 버무려진 살아있는 것이기 때문에 계속해서 미래를 향해, 적절한 방법과 속도로 변화를 꾀할 수밖에 없습니다. 그리고 시장은, 시장에서 도태되는 모든 사람과 모든 일들을 껴안아줄 수도 없습니다. 이러한 일은 시장의 일이라기보다 국가의 일이라 할 수 있겠습니다.

시장이 너무 급변함으로 인해 많은 사람들이 다치고 상처받는다면, 국가는 여러 정책과 규제를 통해 속도를 늦추거나 완화할 수 있도록 제재를 가할 수 있습니다. 시장은 모든 사람을 돌보아야 할 책임이 없을지 몰라도, 국가는 모든 국민을 돌보고 보살필 의무가 있을 테니까요. 시장이 성장하는 아이와 같다면, 아이에게 성장의 속도를 조절하라 강요할 수는 없을 겁니다. 아이도 어른도 그것이 무엇인지 알지 못할 테니까요. 그러나 아이가 해로운 행동을 하려 할 때 충분히 저지하고 더 나은 방향을 제시할 수 있겠지요.

새로운 시장이 대중화되면,
법과 규제가 시장을 옭죄기 시작한다

법과 규제가 우리를 막을 때

법은 사회의 작동방식을 바탕으로 만들어집니다. 때문에 새로운 시장의 등장은 필연적으로 새로운 법과 규제의 등장을 요구합니다. 그래서 보통 새로운 시장은 여러 노이즈를 만들어냅니다. 이것이 옳고 그른 일인지 판단할 수 있는 기준이 없기 때문에 억울하게 공격을 받기도 하고요.

예를 들어, 카카오톡이 한참 성장하던 시기에 카카오에는 '카카오그룹'이라는 모임 서비스가 있었습니다. 카카오톡은 사용자의 개인정보를 받지 않고 있어 성인과 아동·청소년을 구분할 수 없었는데, 사용자들이 카카오그룹을 통해 음란물을 유통

했고 이를 미성년자가 소비하는 일이 벌어졌습니다. 이에 2015년 수원지검 성남지청은 이석우 카카오 전 대표를 기소했고, 오랜 법정 공방 끝에 2019년 3월 이석우 대표는 무죄 판결을 받았습니다. 이 사건은 온라인 서비스 플랫폼의 기능과 역할에 대해 많은 의문을 제기하며 사회적 인식이 성숙하는 계기가 되었습니다. 과연 온라인 플랫폼들은 사용자의 활동과 데이터를 어느 선까지 모니터링하고 관리해야 할까요? 그리고 과연 그것이 맞는 방향일까요?

비슷하게 최근 당근마켓에서도 비윤리적인 사용행태를 보인 사용자들로 인해 몸살을 앓고 있습니다. 부적절한 대상을 거래하겠다며 올리거나, 음란한 사진을 유포하는 등 악의적인 사용자들이 존재하긴 하나 과연 어느 선까지 사용자의 자유를 막을 것인가에 대해서는 계속해서 고민이 지속되고 있습니다. 이에 당근마켓은 사용자의 진입을 막는 여러 허들을 놓기보다는, 비정상적인 사용사례를 빠르게 파악하고 조치를 취하기 위해 이상 사용을 감지하는 머신러닝 기술을 적용하는 한편, 365일·24시간 운영인력을 투입하여 이상 사용을 걸러내고 있습니다.

이렇듯 새로운 시장을 만들고 성장시키는 과정에서는 이전에 없었던, 예상하기 어려운 문제들을 맞이할 수밖에 없습니다. 그렇지만 이 시기에는 기죽기보다는, '새로운 시장이 대중화라는 정말 중요한 단계로 나아가고 있구나' 생각하는 게 더좋을 듯합니다.

평범했던 '시장'이 순식간에 '낡은 시장'이 되어 역사의 저편으로 사라지는 것은, 여러 외부적인 영향으로부터 기인하지요. 이를 시장의 '외부 환경' 또는 '거시 환경'이라고 할 수 있는데, 이 범주에 따라서도 변화의 강도나 속도가 달라집니다.

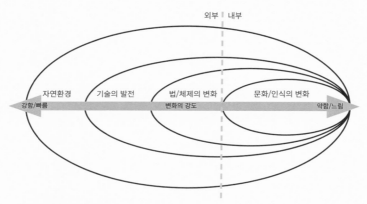

그림 33 시장의 변화를 이끄는 요인들

그중에서도 '자연 환경'의 변화는 그 무엇보다 강력한 '시장의 변화'를 요구합니다. 그보다 약한 정도는, 기술 혁신에 기반한 산업혁명이 있습니다. 기술로 인해 산업계가 크게 변화하며 존재했던 거의 모든 시장의 변화를 요구합니다. 다음으로는 법과 체제의 변화가 있습니다. 사회를 구성하는 법이나 정치 체제의 변화는 '시장'의 범위나 작동 원리를 변화시킵니다. 마지막으로 변화의 강도나 속도는 약하지만 제대로 대응하지 못할 경우 시장 자체가 사람들로부터 외면받거나 거부당할 수 있는 문화와 인식의 변화가 있습니다.

대체로 우리가 접할 수 있는 낡은 시장의 기회는 법과 체제의 변화나 문화와 인식의 변화에 있습니다. 운이 좋다면 '산업혁명'과 같은 거대한 변화의 기회를 맞이할 수도 있고, 조금은 위험하지만 큰 기회가 될 수도 있는 '자연환경'의 변화를 맞이할 수도 있겠지만 이는 매우 큰 비용과 노력이 수반되는 변화일 확률이 높습니다. 개인으로서는 '법과 체제의 변화'와 '문화와 인식의 변화'에 잘 적응할수록 새로운 시장을 발견할 가능성이 높아진다는 것을 기억하면 좋겠습니다.

양지화가 가능한 회색지대를 찾자

어떤 종류의 일들은 기존의 법이나 규제와 무관하게 새로운 시장을 개척할 수 있겠지만, 어떤 종류의 일들은 기존의 법과 규제의 테두리 안에서 새로운 시장을 시작해야 합니다. 후자의 경우, 대부분은 기존의 법과 규제에서 명확한 답을 찾기 어려울 수 있습니다. 그러한 개념 자체가 이전에는 없었기 때문에 해석에 따라 애매하게 보일 수 있기 때문입니다.

대부분 법과 규제의 경우 국가별로 다른 입장을 취하고 있지만 크게 두 가지 접근법으로 바라보고 있습니다. 금융산업을 예로 들어보자면, '포지티브 규제'와 '네거티브 규제'가 그것입니다. 싱가포르, 홍콩 등 금융산업의 개방성을 강조하는 국가들은 '안 된다고 지정한 것 외에는 해도 된다'는 기조의 '네거티브 규제' 방식을 취하고 있습니다. 이 경우 새로운 시장의 시도가 조금 더 쉬울 수 있겠지만, 그로부터 발생하는 역기능에 의한 피해도 커질 수 있습니다. 우리나라의 경우 '된다는 것 말고는 하면 안 된다'는 '포지티브 규제' 방식을 취하고 있었지만 핀테크 등 시장의 변화를 겪으며 '불법이 아닌 것은 모두 인정'하는 '네거티브 규제' 방식으로 2019년부터 변화하고 있습니다.

새로운 시장을 시도하고자 할 때 만약 어떤 법이나 규제에서도 된다거나, 안 된다는 명확한 가이드가 없다면 애매한 '회색지대'를 찾아보는 것도 방법입니다. 그리고 그 회색지대를 기반으로 시작한 새로운 시장이 진정 사회에 필요하고 도움이 되는 종류의 것이라면 언젠가 이를 허용하는 법과 규제가 등장할 것이고, 이와 반대라면 불허하는 법과 규제가 등장할 것이기 때문입니다.

인정하고, 받아들이고, 때로는 포기하자

새로운 시장이란 원래 충돌하고, 거부당하고, 어려운 것이라고 말하기는 했지만 때로는 포기해야 할 수도 있습니다. 의료와 같이 사람의 건강과 목숨을 다루는 일에 있어서는 특히나 더 민감할 수밖에 없고, 이러한 영역에서는 회색지대조차 허용되지 않는다고 보는 게 맞을지도 모릅니다(의료법에도 회색지대가 존재할 수 있지만 그 영역에 접근할 때는 최대한 보수적이고도 조심스럽게 접근해야 할 것입니다). 사람의 건강과 목숨을 다루는 일이기에, 약간의 역기능만으로도 굉장히 큰 피해나 문제를 초래할 수 있기 때문입니다.

이럴 경우에는 잠시 새로운 시장에 대한 가능성과 기대를 접어두는 것도 좋습니다. 당장 시작하기보다는 사회적으로 이해하고 공감하고, 고민해볼 수 있는 토대를 만드는 작업이 더 중요할지도 모릅니다.

지난 10년 동안 많은 실수를 저질렀지만 오랫동안 길을 잃은 적은 한 번도 없었다. 우리의 철학이 지도가 되어주었기 때문이다. 비즈니스 세계의 등고선은 산의 등고선과는 달리 계속 변화하며 경고는 빈약하다. 우리의 철학은 이런 비즈니스 세계에서 선명한 지도가 되었다.

　우리는 필연적으로 계속해서 새로운 시장을 맞이해야 하지만, 그 새로운 시장을 만들기 위해 일하는 것은 계속되는 충돌과 반대를 극복하는 어려운 과정일 것입니다. 누구나 다 불가능할 것이라 해도 성공적으로 새로운 시장을 안착시킬수도 있고, 모두가 기대했으나 실패로 끝날 수도 있습니다.

　그리고 대다수의 성공사례를 보면 새로운 시장에 대한 바람이 긍정적이고, 사람을 위하고 있으며, 현재 주변에서 일어나고 있는 문제를 극복하고 더 나은 세상으로 가는 데 도움을 주는 종류의 일들이라는 것을 알 수 있을 것입니다.

　때문에 새로운 시장의 초입에서 무엇인가 고민하고 있다면, 다른 어떤 것보다 새로운 시장을 향한 문제의식이 무엇이고, 그 동기가 선한 것인지 생각해보는 것이 좋겠습니다. 그리고 이 문제의식과 선한 동기는 실제로 새로운 시장을 만들어 나가며 겪게 되는 무수한 고난들을 버틸 수 있게 해주는 힘이 될 것이라고 믿습니다.

　여러 영역에서 시장을 바꾸는 일들을 해왔지만 아직 저 스스로 발견한 문제의식을 기반으로 시장을 변화시키고자 한 시도는 없었습니다. 누군가가 진행하고 있는 '낡은 시장 바꾸기'에 동참하여 그 일이 실제로 가능할 수 있도록 어떤 역할을 담당했을 뿐입니다. 그리고 이를 통해 그 과정이 얼마나 어렵고,

26　이본 쉬나드 지음, 이영래 옮김, 라이팅하우스, 2020, p.138

성공가능성은 낮은지 여러 번 경험했기에 쉽게 용기를 내지는 못하고 있습니다. 그렇지만 언젠가 인생의 일정한 시간을 쏟아 해결해야 하는 문제와 새롭게 만들어야 할 시장을 발견하게 된다면 꼭 한 번은 도전해보고 싶다는 바람이 있습니다.

5장

판교의
젊은 기획자들

앞서 여러 이야기를 전달하긴 했지만, 실제 경험자들의 이야기보다 더 선명하게 다가오지는 못할 듯합니다. 2021년 현재, 가까운 미래가 가장 기대되는 다섯 회사에서 새로운 시장을 빠르게 이끌어나가고 있는 분들께 인터뷰를 부탁드렸습니다.

새로운 시장에서는 개발자, 디자이너, 기획자, 생명과학자, 전략가 모두가 함께 기획을 합니다. 현재 진행형이기에 더 생생하고 명확한 다양한 백그라운드의 성공방정식을, 독자님들 각자의 상황에 적용해볼 수 있기를 바라봅니다.

왜 당근마켓에 주목했는가   당근마켓은 아주 오래전부터 우리 주변에 존재했던 '중고거래'를 '지역 커뮤니티에서의 커뮤니케이션'으로 재해석했습니다. 그 바탕에는 집요하게 우리 이웃들을 관찰하는 애정과, 사용자들이 쉽고 편안하게 커뮤니케이션을 즐길 수 있도록 당근마켓이 모든 수고로움을 감당하겠노라는 친절한 마음이 있었습니다.

중고거래보다 지역 커뮤니티
: 당근마켓

박선영 당근마켓 소프트웨어 엔지니어

Q. 처음 낡은 시장을 인지한 계기는 무엇인가요?

당근마켓의 모태가 된 '판교장터'가 오픈할 즈음, 지인들과 사이드 프로젝트로 직장인 중고거래 서비스인 '플리마켓'을 만들었어요. 판교장터는 카카오 사내에 있었던 장터를 모티브로 판교라는 지역의 신뢰를 기반으로 한 중고거래 서비스였는데, 어떻게 보면 경쟁 상황이었지만, 달리 보면 기존의 중고시장을 새롭게 보고자 했다는 점에서 비슷하기도 했습니다. 대다수의 중고거래 서비스들이 '상품'에 집중하여 시장을 만들어가고 있었다면, 그와 달리 플리마켓과 판교장터는 '동네사람 간'에 이루어질 수 있는 커뮤니케이션 중 하나로 중고거래를 보았거든요.

각 지역별로 존재했던 맘카페나, 카카오의 사내 장터는 '언젠가 한 번쯤 마주칠 수 있는 사람'들 간에 커뮤니케이션이 이루어졌기에 조금 더 조심스럽고, 안전하고, 그래서 따뜻했습니다. 당시에도 이미 중고거래 시장은 어느 정도 형성되어 있었지만, 이 중고거래를 동네사람들 간의 커뮤니케이션으로 바라보고자 하는 시도는 그때 시작되었다고 하는 게 맞겠네요.

223

Q. 초기 상상했던 새로운 시장의 모습은
어떤 것이었나요?

요즘 도시생활이 많이 파편화되어 있어서, 동네 사람들 간의 교류가 거의 없는 게 사실이에요. 그렇지만 동네에서 살다 보면 꼭 필요한 정보도 있고, 또 서로 공유하면 좋을 만한 생활 팁도 많거든요. 그런 커뮤니케이션을 담을 수 있는 서비스를 하고 싶었어요.

거리가 가까운 사람들이 쉽게 자신의 집 앞에서 거래하는 모습을 상상했어요. 슬리퍼를 신고 부담없이 나갈 수 있는 거리면 누구나 할 수 있을 테니까요. 기존의 시장은 중고거래를 하는 사람만 하는 진입장벽이 있는 시장이었어요. 앞으로의 중고거래는 일상화되어 누구나 할 수 있었으면 좋겠다고 생각했어요. 누구에게나 쉽고, 거래할 때 거래 외에 다른 것들은 고민하지 않아도 되는 서비스를 만들고 싶었어요. 거래 범위를 강제적으로 가깝게 만들고, 이웃이면 언제든 마주칠 수 있다는 생각으로 평판 시스템을 만들고, 누구나 서비스에 쉽게 접근할 수 있도록 개선하며 조금씩 새로운 시장에 다가갔던 것 같아요.

Q. 사업을 진행하면서 가장 예상치 못한
문제는 무엇이었나요?
어떻게 해결하셨지요?

아무래도 '사용자'를 확보하는 일이었어요. 당근마켓도 단순하게 보면 판매자와 구매자가 함께 공존하는 양면 플랫폼이에요. 즉, '판매자'와 '구매자'가 동시에 많아져야 거래가 활성화되고, 재미가 있어 계속해서 방문하게 된다는 의미죠. 그래서 판매자와 구매자를 동시에 모으는 게 중요했는데, 여기서 또 한 번 고민이 필요했습니다. 론칭부터 '판교'라는 지역에서 시작했기에, 좁은 지역에서 특정 타겟층의 사용자를 모으는 데 어려움이 있었어요. 당근마켓은 동네 기반이다 보니, 사실 사용자가 속한 동네에 얼마나 많은 사람들이 참여하고 있는지가, 전국에서 얼마나 많은 사람들이 이용하고 있는지보다 중요했거든요.

그래서 판교라는 지역에서 최대한 여러 가지 테스트를 해보기로 했어요. 어떤 마케팅 채널이 가장 효과가 좋을지, 어떤 키워드에 반응할지, 또 적절한 사용자 수는 어느 정도일지, 이들이 하루에 몇 번이나 서비스를 이용하는 것을 목표로 해야 할지, 그리고 사용자들이 하루에도 몇 번씩 서비스에 들어오도록 하기 위해서는 어떤 자극(푸시 메시지 등)을 주어야 할지 등 당근마켓이라는 서비스를 키워가는 데 필요한 핵심 지표들의 기준을 이 시기에 잡았다고 봐도 될 듯하네요. 그렇게 판교에서 분당구, 분당구에서 용인시 수지구 등으로 조금씩 지역을 확장해가며 성공방정식을 찾았고, 이를 다른 지역으로 복제하며 전국으로 확대했어요. 현재는 영국, 캐나다, 미국, 일본 일부 지역에서 테스트 서비스를 진행 중이에요.

당시에는 기능이나 서비스UX(디자인, 배치, 안내문구 등)를 계속해서 변경하면서 사용자 반응을 살폈어요. 마케팅을 할 때도 키워드나 내용을 계속해서 바꿔가면서 가장 효율적인 방법을 찾았고, 서비스 내 메뉴의 배치나 안내문구까지도 매일매일, 하루에도 몇 번씩 수정했어요. 서비스는 어쩔 수 없이 고객문의에 대한 대응(CS)이 중요한데, 당시에는 창업멤버들이 고객 대응까지 같이 했거든요. 그래서 새로운 유형의 문의가 들어오면 이러한 유형의 문의를 줄이기 위해서는 어떻게 서비스를 바꿔야 할지 고민하며 더 이상 유사한 문의가 들어오지 않을 때까지 계속 변화를 주었어요. 창업멤버가 대다수 개발자였기 때문에, 더 적극적으로 빠르게 고객 반응을 보며 서비스를 바꿀 수 있었던 것 같기도 하네요.

Q. 현재 새로운 시장이 어느 정도 형성되었다고 보시는지요?

당근마켓이 동네 사람들 간에 이루어질 수 있는 모든 종류의 커뮤니케이션을 담고 싶어한다는 관점에서는, 이제 막 중고거래라는 행위가 어느 정도 안정화되고 있다고 볼 수 있을 듯해요. 월 사용자가 1,500만을 넘기며 예상치 못했던 거래 행위로 몸살을 앓고 있기도 하지만, 이마저도 안정화되기 위해서는 거쳐야 할 수순이라고 생각해요.

당근마켓에는 정말 다양한 연령대의 사용자가 있어요. 공식적으로는 14세 이상 누구나 사용할 수 있는데, 10대 청소년들부터 70대 이상 노인분들까지 사용자 층이 굉장히 넓어요. 그러다 보니 재미있는 풍경도 많이 만들어내고 있죠. 예를 들어 같은 동네에 사는 중학생 아이와 70대 할머니, 할아버지가 만날 일이 얼마나 되겠어요? 그런데 중고거래를 하다 만나시기도 하고, 또 이렇게 어린 친구가 구매하려고 나오면 몇 천 원 되는 물건은 그냥 나눠주기도 하고. 그 외에도 그림그리기나 만들기에 재능이 있는 분들이 재능기부도 하더라고요. 사진을 보여주면 사람이나 반려동물을 그려주거나 만들어주기도 하면서요. 또 동네생활에서는 분실물을 찾는 글이 올라오면 누군가 찾아주기도 하고, 동네에서 하기 좋은 소모임(독서모임, 산책모임 등)을 모으기도 해요. 이렇게 재미있고 따뜻한 풍경들이 만들어지는 것을 보면 신기하기도 하고 기분이 좋아져요. 당근마켓이 이런 다양한 모습을 담을 수 있는 동네 커뮤니티 서비스의 첫 발을 내디뎠다고 생각해요.

Q. 앞으로 펼쳐질 새로운 시장의 모습은 어떻게 그리고 계시는지 알려주세요.

가만히 살펴보면 동네마다 독특한 그 동네 사람들만의 분위기나, 그들만의 네트워크가 있어요. 반면에 '동네'라는 단위집단이 가지는 특성은 어디에나 있고, 그 안에 존재하는 정보 차원에서는 비슷한 면이 있으며, 또 누구나 자기가 살고 있는 동네에 대한 애정이 있다고 생각해요. 당근마켓을 사용하면서 살고 있는 동네에 대한 애정이 더 커졌으면 해요.

그런 면에서, 중고거래뿐 아니라 동네 이웃사촌들이 당근마켓에서 더 다양하고 재미난 방법으로 커뮤니케이션을 할 수 있으면 좋겠어요. 사람과 사람의 연결이 중고거래였다면, 사람과 정보의 연결, 사람과 서비스의 연결 등 동네에서 겪는 다양한 경험들을 당근마켓 안에 담고 싶어요. 동네를 오가며 이용하는 다양한 서비스와 가게, 관심사가 맞는 동네 이웃 간의 모임, 소소한 일자리들, 서로 도울 수 있는 따뜻한 관심과 지역사회 참여 활동 등은 '근처'이기 때문에 가능하다고 생각해요. 이렇게

'당신의 근처'에서 일어나는 모든 정보를 연결하기 위해 계속해서 사용자들을 관찰하며 서비스를 만들어나가고 있습니다. '당근하다'라는 말이 '톡하다', '구글하다'처럼 일반동사로 불리며 모두가 이해할 수 있는 서비스가 되는 걸 꿈꾸고 있어요.

Q. 판교에 진입하고 싶어하는 젊은이들에게 하고 싶은 이야기가 있으시다면?

인생에 한 번쯤, 완전히 몰입해볼 수 있는 기회를 만들어보시면 좋겠어요. 저는 당근마켓이 만들어지던 초기에 남편과 함께 합류했는데 거의 몇 년간은 일과 생활의 구분이 없었던 것 같아요. 근무시간에는 함께 일하는 것은 물론이고, 식사를 하거나 잠시 산책을 갈 때도 항상 일 얘기를 하곤 했네요. 그럴 수밖에 없었던 게, 당근마켓 초기 멤버들은 계속해서 서비스에 대해 생각했던 것 같아요. 우리가 만들고자 하는 서비스가 무엇이고, 어떻게 해야 잘 만들어갈 수 있을지, 현재 발생한 문제는 어떤 것이고, 어떻게 하면 해결할 수 있을지 등 당근마켓이라는 서비스와 관련된 거의 모든 부분에 대해서 함께 고민했거든요.

모두가 서비스를 만들고 키워나가는 데 몰입하고 있었기 때문에, 누군가 완전히 몰입하지 못했다면 아마도 적응하지 못하고 힘들어했을 수도 있을 것 같아요. 이렇게 모두가 몰입할 수 있었던 이유는, 동네 커뮤니케이션을 새롭게 만들어보고자 하는 문제의식과 비전이 일치했기 때문이라고 생각합니다. 진심으로 몰입하여 그것을 즐겁게 느끼고자 한다면, 본인의 가치관과 비전에 맞는 영역을 잘 찾는 게 가장 중요할 수도 있어요. 깊이 생각해보시고, 인생의 일정 시간을 내던져서 몰입할 수 있는 기회를 만들어보시기를 바랍니다.

왜 콴다에 주목했는가

교육만큼 평등해야 하지만 평등하기 어려운 기본권도 없는 듯합니다. AI기술을 기반으로 우리의 다음 세대를 위해 일하는 젊은이들이 있어 세상이 더 따뜻하게 느껴집니다. 콴다는 세상의 모든 아이들이 더 나은 교육을 경험할 수 있도록 교육시장을 바꾸어나가고 있습니다.

모든 학생이 가장 효과적으로 공부할 수 있도록
: 콴다

이정민 콴다(매스프레소) PO

Q. 처음 낡은 시장을 인지한 계기는 무엇이었나요?

2016년에 학교를 1년 휴학하고 데이터 분석 등 평소 관심이 있었던 분야에 대한 공부를 하고 있었어요. 그러던 차에 지인을 통해 매스프레소에서 운영을 담당할 사람을 찾는다는 이야기를 듣고 관심이 생겨 지원하게 되었습니다. 대학생활을 하는 동안 과외나 학원 강의 등 학생들을 가르치는 일을 많이 했고, 그러다 보니 교육의 불평등 문제에 대해 관심이 많았어요. 사실 교육이라는 분야가 워낙 보수적이고 폐쇄적이다 보니 10년 전이나 지금이나 비슷하게 유지되고 있거든요. 제가 10~15년 전에 공부했던 방식과, 지금 학생들이 공부하는 방식이 그렇게 다르지 않아요. 그래서 처음 매스프레소 팀을 만나 비전을 들었을 때 공감이 많이 되었습니다.

Q. 초기 상상했던 새로운 시장의 모습은 어떤 것이었나요?

초기에는 현재의 서비스와 모습이 조금 달랐는데요. 당시에는 수학 Q&A 플랫폼으로, 학생들이 질문하면 바로 선생님이 답변해주는 방식이었어요. 선생님들이 직접 답변을 하다 보니 시간이 필요해서 10분 내에 답을 주는 것을 목표로 했고요. 당시에는 학생들이 공부할 때 항상 곁에 두고 이용하는 '학습 도구'를 지향했습니다. 전자사전이나 문제집이 공부할 때 필수품이듯이 콴다 앱이 수학공부를 할 때 필수품이 되기를 바랐어요.

Q. 사업을 진행하면서 가장 예상치 못한 문제는 무엇이었나요? 어떻게 해결하셨는지요?

2016년 초에 Q&A 방식의 서비스를 오픈하고 1년 정도 학생들의 반응이 그다지 좋지 않았어요. 그래서 사용자들의 의견을 많이 들었는데, 생각지 못한 곳에서 페인 포인트를 찾았습니다. 선생님이 직접 답을 주는 방식이었기에 10분이라는 시간이 매우 빠르다고 생각했는데, 학생들의 반응은 제각각이었어요. 어떤 학생은 빨라서 좋다고 했고, 어떤 학생은 느려서 불편하다고 했거든요. 학생들의 공부 패턴을 관찰해 보니 어느 정도 이해가 되기도 했습니다. 보통 학생들이 하루에 숙제를 하는 시간이 학교 끝나고 학원 가기 전 한 시간, 학원 다녀온 후 두세 시간인데 이때 학생들이 모르는 한 문제를 풀기 위해 10분을 기다리고, 답변을 이해하는 데에 또 시간을 쓰고 있었어요. 그럴 경우에는 10분이라는 답변 시간도 너무 느리다보니, 주변 친구에게 물어보는 게 더 나은 선택이 되기도 했죠.

그래서 Q&A 방식을 과감히 버리고, 머신러닝 기술을 도입해 문제 검색방식으로 피봇팅(Pivoting)[26]을 했습니다. 학생들이 수학 문제를 풀다가 막히면 바로 검색해서 풀이를 볼 수 있어 기다릴 필요가 없도록 만들고자 했어요. 검색된 풀이를 보고 나서도 이해가 안 되는 학생들은 Q&A를 할 수 있도록 만들었고요. 그리고 그때부터 서비스가 빠르게 성장하기 시작했어요.

한국에서 서비스가 빠르게 성장했지만, 타깃이 되는 학생들의 수가 한정적이다 보니 타깃의 모수를 늘리는 게 필요하다고 판단해 글로벌 시장으로 확장을 시도했습니다. 2018년 11월 일본 진출을 시작으로 현재는 베트남, 인도네시아, 태국을 비롯해 스페인어와 영어로 전 세계 50여 개국에 서비스를 하며 유의미한 성장을 이루고 있어요. 한국에서 성공한 방식을 가지고 글로벌에서도 성장을 이루고 있으니 비슷한 측면도 있지만 다른 면이 발견되는 것도 재미있어요. 예를 들면, 한국의 경우 사용량이 연간 꾸준히 유지되는 편이에요. 중간고사, 기말고사, 수능시험 등 중요한 시험 전후에 사용량이 늘어나기는 하지만 그 외의 기간이나 방학에도 꾸준히 공부를 하거든요. 그런데 해외 국가들 중에는 학기 중에는 열심히 공부하며 사용하다가 방학이 되면 공부를 전혀 하지 않는 것처럼 사용량이 줄기도 해요. 그런 상황이 재미있으면서도 한편으로는 우리나라 학생

26 미국 실리콘밸리의 벤처기업가이면서 《린 스타트업(Lean Startup)》의 저자인 에릭 리스Eric Ries에 의해 널리 알려졌다. '창업가가 사업을 진행하는 과정에서 제품•전략•성장엔진에 대한 새롭고 근본적인 가설을 검증하기 위해 경로를 구조적으로 수정하는 방향 전환'을 의미한다.

들이 정말 열심히 공부를 하는구나, 조금 안타깝기도 해요.

이렇게 사용자들의 반응을 자세히 들여다보면 그들이 어떤 것을 필요로 하고 있는지 알게 됩니다. 앞으로도 계속해서 새로운 문제를 만나고 또 새로운 기능들을 만들어갈 텐데, 그때마다 사용자를 자세히 관찰하는 게 가장 중요하지 않을까 싶어요.

Q. 현재 새로운 시장이 어느 정도 형성되었다고 보시나요? 그리고 앞으로 펼쳐질 새로운 시장의 모습은 어떨지 궁금해요.

초기에는 '학습 도구'를 지향했다고 말씀드렸는데, 현재는 '교육 서비스 플랫폼'이 되고자 고민하고 있어요. 학생들이 공부를 할 때 콴다가 좀 더 많은 도움을 줄 수 있어야 교육 불평등을 해소하고자 하는 우리의 비전과 미션을 이룰 수 있다고 생각해요. 팀에서는 '무지적 무지'라고 하는데, 학생들이 공부하는 방법을 모르기 때문에 생기는 '비효율'을 없애주는 게 궁극적으로 저희가 이루고자 하는 것이에요. 보통 과외 선생님들이 이런 역할을 해주는데 더 저렴하고 간편한 서비스로 더 많은 학생들이 도움을 받을 수 있게 해주는 거죠.

지금은 수학 과목에 집중하여 문제검색을 하면 결과를 알려주도록 하고 있는데, 이와 더불어 수식을 순차적으로 볼 수 있

235

게 해주거나, 그래프적인 부분에서도 도움을 준다거나 하는 방식을 추가하면서 풍부하게 도움을 주고자 하고 있어요. 이후에는 더 많은 과목으로 확대할 수도 있다고 생각해요. 그 외에도 선생님이 콘텐츠를 제작해서 제공하고, 학생들이 이를 자유롭게 활용할 수 있는 양방향 서비스도 진행하고 있어요. 작년 하반기에 출시하긴 했는데, 아직 서비스를 만들어가고 있는 중이에요. 막상 서비스를 오픈하고 보니 수용하는 입장에서 학생들이나 선생님들의 반응이 좀 다르더라고요. 조금 아쉽게 생각하는 점은, 작년에 플랫폼을 준비할 때 학생들과 선생님들을 더 많이 관찰했으면 좋았겠다는 부분이에요. 지금은 그래서 열심히 관찰하면서 더 좋은 관점을 뽑아내려고 고민하는 중이구요.

궁극적으로는 앱 서비스의 장점인 데이터를 활용해서 학생들에게 진정한 맞춤형 교육서비스를 제공하는 게 목표인데요. 예전에도 과외 학생들을 보면 고등학생인데 중학교 과정을 다 잊어버리는 경우들이 있었어요. 이러면 학교 진도를 놓치고 점점 수학에 흥미를 잃어 가거든요. 그럴 때 서비스에서 자동으로 학생의 학습상태를 파악하고, 부족한 부분을 학습할 수 있게 지속적으로 콘텐츠를 제공해주는 거죠. 아직 시간은 좀 걸리겠지만 언젠가는 친절한 과외 선생님 같은 좋은 교육 서비스를 만들고 싶어요.

Q. 판교에 진입하고 싶어하는 젊은이들에게
해주고 싶은 이야기가 있으신가요?

저는 학교를 휴학하고 일을 시작해서 4~5년째 계속하고 있는데요. 사실, 워라밸을 이야기하자면 거의 항상 일이 우선인 상황이에요. 매년 일이 더 많아지고, 더 어려워지는 것 같아요. 새로운 일인 데다 또 빠르게 성장하다 보니 예상치 못한 일들이 계속 생길 수밖에 없거든요. 그런 면에서는 '가슴 뛰는 아이템'을 잘 선택하는 게 제일 중요하다고 생각해요. 저는 교육 문제에 관심이 있었기 때문에 지금 콴다에서 재미와 보람을 느끼면서 일을 하고 있는데, 만약 관심이 없는 분야였다면 이렇게 할 수 없었을 것 같아요.

또 새로운 일이다 보니 사실 이 분야에 대해서 잘 아는 사람이 없어요. 회사 안은 물론 밖에서도 마찬가지고요. 일을 하면서 생기는 문제들을 스스로 해결할 수밖에 없는데, 다행인 점은 요즘에는 유튜브나 브런치에서 비슷한 일을 해오신 분들의 이야기를 쉽게 접할 수 있다는 거예요. 그걸 보고 특정 주제에 대해서 더 자세히 찾아보거나 공부할 수도 있고요. 저는 고민이 생기면 그런 콘텐츠를 찾아보고, 제 상황에서 어떻게 활용할 수 있을지를 많이 고민했어요. 어떤 이론이나 방식들을 제가 처한 상황과 문제에 맞게 대입해 보면 해결 방법이 조금씩 보이기도 하더라고요.

조금 힘들기도 하지만… 만약 가슴 뛰는, 하고 싶은 시장이나 아이템을 만나시면 주저하지 말고 기회를 잡으라고 얘기해 주고 싶어요. 사실 그런 기회를 만나는 것도 쉽지는 않을 거라고 생각하고, 그런 면에서 저는 운이 참 좋았다고 생각하고 있어요.

왜 뱅크샐러드에 주목했는가

우리는 하루에도 몇 번씩 돈을 씁니다. 10년 전만 해도 '돈'에 대해 이야기하는 것은 품위가 없는 행동으로 인지되었던 것 같은데, 최근에는 개인의 삶을 위해 적절한 경제지식을 가지는 것이 기본 소양이 되어가는 듯합니다. 어렵고 복잡하지만 삶에 필수적인 금융, 이를 좀 더 쉽게 전달하고자 한 뱅크샐러드의 이야기입니다.

모든 사람이 좀 더 쉽게 자산현황을 파악할 수 있도록:
뱅크샐러드

박지수 현 마이크로프로텍트 CPO(전 뱅크샐러드 CPO)

Q. 처음 낡은 시장을 인지한 계기는 무엇이었나요?

　　사실 처음부터 핀테크라는 시장을 바라보고 진입한 건 아니었어요. 저는 미대에서 산업디자인을 전공했는데, 학교를 졸업할 무렵 취업에 대한 고민이 많았어요. 개인적으로 저 자신을 바라봤을 때 누군가가 시키는 일을 할 때는 재미도 없고 성과도 안 났지만, 혼자서 자유롭게 할 때는 더 몰입하고 좋은 성과를 낼 수 있었던 것 같거든요. 대기업에 가면 아무래도 큰 조직의 작은 구성원으로서 정해진 일을 해야 할 텐데, 정말 그렇게는 일할 자신이 없었어요. 아무런 경력도 없는 저에게 주도적으로 일할 수 있는 기회를 주는 곳은 아무래도 아직 규모가 작은 초기 스타트업이었고, 또 아직 그 영역에 대한 전문가가 거의 없는, 새로운 아이템이 있는 시장이었네요. 그렇게 핀테크 스타트업에서 일을 시작했는데 어떻게 보면 그랬기 때문에 더 새로운 시장에 잘 스며들 수 있었던 것 같아요. 어차피 아무것도 몰랐기 때문에 처음부터 배워갈 수밖에 없었거든요.

Q. 초기 상상했던 새로운 시장의 모습은 어떤 것이었나요?

초기에는 시장에 대해서 인지하기 어려웠어요. 대학을 갓 졸업한 시기였기 때문에, 금융상품에 대한 지식도 전혀 없었습니다. 대학교 때 쓰던 통장, 체크카드 정도가 지식의 전부였다고 해도 과언이 아니에요. 그래서 처음에는 회사의 경영진이 가진 비전에 따라 주어진 과제들을 수행했다고 말씀드리는 게 맞겠네요. 금융정보의 비대칭을 해결하자는 미션이 있었기에 주로 카드, 예적금 상품 등의 조건을 분석해서 적합한 상품을 추천해주는 서비스를 만드는 일이 주요 과제였습니다.

금융지식이 없었고, '고객은 이럴 것이다.'라는 편견도 없었던 사회초년생 시기였기에 이 과제를 해결하기 위해 가장 먼저 떠올릴 수 있었던 것은 실제로 이 서비스를 사용할 고객의 이야기를 들어보는 것이었어요. 고객들은 어떤 문제를 느끼고 있고, 어떤 것을 중요하게 생각하고, 어떤 것이 필요한지에 대해서 최대한 자세히 관찰하고 또 이야기를 들어보고자 했습니다.

초기 뱅크샐러드는 PC/모바일 웹을 기반으로 카드나 예적금 상품을 소개하거나 추천해주는 서비스였는데 조금 더 다양한 기능들을 제공하고자 하니 자연스럽게 모바일앱으로의 전환을 고민할 수밖에 없었어요. 모바일앱의 경우 매일, 자주 사용하는 게 중요한데 아무래도 카드나 예적금 추천 등의 서비스의 경우 일시적으로 사용하는 종류였기 때문에 자주 앱을 사용할 수 있게 하는 유인책이 무엇인지 찾아야 했습니다. 그렇게 관찰하고 고민한 끝에 쉽게는 가계부, 조금 더 복잡하게는 자산관리라는 서비스로 연결이 되었고, 그 후 차츰 더 다양한 서비스를 붙여가게 되었어요.

이렇게 저는 처음부터 시장을 고민했다기보다는 금융서비스의 작은 부분부분에 관련된 과제들을 해결해가면서 좀 더 큰 시장에 대해 고민할 수 있게 되었던 것 같아요. '새로운 시장은 이럴 것이다.' 생각했다기보다, 현재의 고객들을 자세히 바라보면 조금씩 그들에게 필요한 기능들을 제공하게 되어 어느 순간 돌아보니 '새로운 시장'의 한 가운데에 있게 되더라고요.

Q. 사업을 진행하면서 가장 예상치 못한 문제는 무엇이었나요? 어떻게 해결하셨는지요?

아무래도 금융도 규제산업에 포함되다 보니 가이드라인을 따르고 금융기관의 협조를 이끌어내는 게 어려웠어요. 실시간으로 자산현황을 분석해서 적절한 정보를 제공하거나 상품을 추천해주고 싶은데 그러자면 고객들의 데이터를 가진 금융기관의 협조를 받아, 규제 가이드라인에 맞춰 기술적으로 구현해야 했거든요. 그런데 초기에는 우선 금융기관들이 협조할 필요가 없었고, 또 규제 가이드라인도 전통적인 금융산업에 맞춰져 있다 보니 뱅크샐러드 같은 신생 IT회사에는 매우 불친절하고 때로는 적용하기 어려운 것들이 많았어요.

그러다 점차 시장이 형성되어 성숙하기 시작하고, 정부에서도 관련 규제를 완화하고, 신생 핀테크 업체들에 우호적으로 가이드라인을 조금씩 바꿔가면서 자연스럽게 해소된 부분이 있기도 해요. 아직도 많은 장벽들이 존재하긴 하지만 몇 년 전을 생각해보면 전체적인 시장 자체가 많이 성숙했다고 느껴요. 규제산업의 경우 제도권과 전통적인 사업자들과의 협업을 이끌어내고, 이를 통해서 새로운 가치를 만들어내는 게 아무래도 가장 어려운 부분인 듯하네요.

Q. 현재 새로운 시장이 어느 정도
   형성되었다고 보시나요?
   그리고 앞으로 펼쳐질 새로운 시장의
   모습은 어떤지 궁금해요.

간편결제, 송금, 대출 등의 영역에서는 이미 높은 수준으로 개선이 진행되고 있다고 생각해요. 다만, 핀테크라는 넓은 시장을 봤을 때 그 안에는 보험, 증권 등 더 다양한 영역들이 많은데 아직도 복잡성이 높은 이러한 영역은 10년 전과 지금이 크게 다르지 않아요. 그래서 현재는 보험이라는 분야를 더 잘 이해하고, 쉽게 전달하고자 고민하고 있어요.

보험은 누구나 하나쯤 가지고 있지만, 본인이 가입한 상품이 어떤 건지 거의 설명하지 못할 거예요. 심지어 보험사 안에서도 보험상품들을 정확하게 설명할 수 있는 사람은 극소수입니다. 그러다 보니 왠지 고객들은 보험에 부정적인 이미지를 가지고 있어요. 만약을 위해 보험에 가입해 있지만, 정말 합리적인 선택인지, 혹은 설계사나 광고에 속아 과다한 보험료를 내고 있는 건 아닌지 불안해하기도 하고요.

이렇게 되는 이유는 보험이라는 상품의 특성 때문이기도 해요. 보험은 어떤 조건으로 가입하여 어떤 특정한 상황에서 사용하게 되는데, 그 '특정한 상황'이라는 것의 위험도가 모두 달라요. 그마저도 보험회사에서 자체적으로 평가/관리하게 되고, 그에 따라 보험의 조건들도 달라지게 되죠. 그런데 워낙 내용이 복잡하다 보니 고객의 입장에서는 모든 상황과 조건을 명확히 이해하기도 힘들고, 또 각 보험사의 상품마다 기준이 조금씩 다르기 때문에 조건을 명확하게 비교하기도 어려워요.

이런 보험 시장에서 좀 더 고객에게 투명하고 명확하게 정보를 제공하고 의사결정을 요구할 수 있도록 변화를 이끌어내고 싶어요. 이제 막 시작하는 단계라 보험상품의 방대한 상품

별 정보를 확보하는 것도, 고객 개인의 건강/자산 상황을 파악하거나 라이프스타일에 따른 위험도를 분석하는 것 등 필요한 모든 일들이 굉장히 도전적일 수밖에 없지만 그래서 더 재미있는 것 같아요.

Q. 판교에 진입하고 싶어하는 젊은이들에게 이야기해주고 싶은 게 있으신가요?

자기 자신에 대해서 냉정하게, 객관적으로 생각해보실 필요가 있다고 봐요. 저는 누가 시키는 일을 하는 걸 너무 싫어했고, 그와 반대로 주도적이고 공격적으로 일하는 게 더 좋은 스타일이었어요. 실제로 그랬기 때문에 새로운 시장을 만들어가는 스타트업에 잘 녹아들 수 있었고요. 뱅크샐러드에서 빠르게 성장하면서 다양한 분들과 함께 일을 해보았는데, 사람마다 성향이 다 다르더라고요. 어떤 분들은 저와 같은 업무 스타일을 잘 흡수하시는 반면, 또 어떤 분들은 굉장히 힘들어하고 결국 다른 곳으로 이동을 하시기도 하셨어요. 업무적인 역량보다는 개인의 가치관이나 성향 차가 중요했던 것 같아요.

또 새로운 시장을 만들어가는 곳에서는 생각지 못한 일이 많이 발생해요. 누군가는 그런 일을 해야 하고, 그렇게 다양한 일을 하다 보면 사회생활 초년생일 때는 '내가 무슨 일을 하고 있는 건가, 나의 전문성은 무엇인가' 많이 고민할 수 있어요. 저역시도 초기에는 매일 그런 고민을 하기도 했는데, 지나고 돌아보면 결국 다 필요한 일이었다는 생각도 들어요. 함께 일했던 여러 사람들을 생각해보면, 특정한 전문적인 일만을 지속하고 싶어하는 분들일수록 이러한 유동적인 상황에서 받는 스트레스가 더 컸던 것 같기도 해요.

본인을 객관적으로 보았을 때 주도적으로 일하는 것을 즐기고, 새로운 환경이나 일에서 호기심을 많이 느끼신다면 새로운 시장에 진입할 수 있는 기회가 왔을 때 망설이지 않으셔도 좋겠다는 말씀을 드리고 싶네요.

왜 디어젠에 주목했는가

건강은 잃고 나서야 삶에 있어 가장 중요한 자산임을 깨닫게 된다고 합니다. 삶의 질을 높여가는 데 필수불가결한 '치료제'에 대한 연구, 그 연구를 조금 더 효율화하기 위해 AI기술을 개발하고 있습니다. AI라는 IT기술이 생명과학과 결합해 더 빠르게 연구를 이어나가기를 바라봅니다.

신약개발을 더 빠르고 저렴하게
: 디어젠

백보람 디어젠 인공지능 신약개발(면역학 박사)

Q. 처음 낡은 시장을 인지한 계기는 무엇인가요?

생물학이라는 분야는 생물학적인 발견, 검증, 재확인의 과정을 거쳐 논문과 특허로 업계의 신뢰도를 얻고, 브랜딩과 마케팅을 통해 제품을 출시하여 시장에 판매하는 등 정형화된 사업 방식이 확고한 분야였습니다. 전공이 생물계열인 만큼 연구에 시간이 걸리는 것은 당연하다 생각하기도 했고, 그 틀에 익숙해져 있었습니다.

그러다 인공지능이라는 기술을 아주 우연한 기회에 만나게 되었습니다. 인공지능 기술로는 몇 개월이 걸리던 실험 결과를 몇 초 만에 예측해볼 수 있었습니다. 예전에는 100개의 실험을 해서 그중 좋은 것을 찾아야 했다면, 인공지능은 100개 중 결과가 좋을 가능성이 높은 순서대로 예측을 해주었습니다. 만약 제일 가능성이 높은 것부터 실험을 한다면 시간과 비용을 획기적으로 줄일 수 있을 거라는 생각이 들었습니다.

그 순간 이 분야에 대한 변화의 가능성이 보였고, 지금 이 순간 새롭게 열리는 AI 신약개발이라는 분야에 뛰어들지 않으면 이 기술이 만들어낼 새로운 시장에서 영원한 유저로, 고객으로 남겠다는 생각이 들었습니다. 그렇게 저는 디어젠이라는 초기 단계의 스타트업 회사에 합류하게 되었습니다.

Q. 초기 상상했던 새로운 시장의 모습은 어떤 것이었나요?

Fancy. 그야말로 화려하고 빛이 날 듯했습니다. 생명과학 연구를 획기적으로 변화시켜 더 빠르고 정확하며, 많은 약물들을 개발해낼 수 있는 새로운 시장이라고 생각했습니다. 이 기술을 소개하고 시장에 선보이면 누구나 관심을 가지고 너도 나도 줄을 서서 사용해보려 하고 매일같이 협업 문의가 날아들어올 줄 알았습니다. 투자도 숫자대로, 계획대로 쭉쭉 진행하면 다 될 것이라고 생각했습니다.

그러나 각종 딜이 반복해서 결렬되는 속에서 '마이크로소프트는, 애플은, 테슬라는 하루아침에 지금의 자리에 온 것이 아니란 사실'을 다시금 인지하게 되었습니다. 인공지능이란 단어를 들은 사람들의 신기하고 놀라운 반응, 딱 거기까지였습니다. 그들에게는 아직 검증되지 않은 새로운 기술일 뿐이었죠.

Q. 사업을 진행하면서 가장 예상치 못한 문제는 무엇이었나요? 어떻게 해결하셨는지요?

시장에서는 논문이 중요하지 않았고, 기술의 난

이도가 중요하지 않았고, 회사의 인지도가 중요하지 않았습니다. '이 기술이 신약개발 연구에 당장 도입할 수 있을 만큼 성숙한 기술인가'가 가장 중요한 이슈였습니다. 그들의 입장에서 자금과 노력을 투입해서 오랜 기간 신약을 개발해야 하는데, 인공지능이 예측한 결과들이 정말 실제로도 유효할 것인지에 대한 의심을 가질 수밖에 없겠지요.

그 와중에 코로나19라는 사상초유의 질병 팬데믹이 발생했고, "이 팬데믹 속에서 우리가 어떤 기여할 수 있을까?"라는 질문을 시작으로 디어젠의 인공지능 기술로 약물 재창출이라는 기법을 차용하여 치료제를 예측했습니다. 이를 세계 최초 논문으로 공개하면서 글로벌에서 먼저 관심을 받았습니다. 이후 코로나 치료제로 효과가 있을 것이라 예측했던 약물들에 대한 실험이 이루어지며 예측 결과가 유효했다는 사실을 확인할 수 있었습니다.

지금 누군가 "당신을 화성에서 살게 해드릴 수 있어요!"라고 말한다면 어떨까요? 모든 환경이 사람이 살기에 적절한 환경이 되었다고 아무리 설명한다고 해도, 정말로 잘 살았던 사람이 있는가 궁금해질 것입니다. 첫 번째 케이스가 되기엔 너무 큰 리스크가 있으니까요.

신약개발을 연구하는 연구자들에게도 이와 비슷한 느낌을 주었을 듯합니다. 2019년부터 인공지능 신약개발 분야에서 일하고 있는데, 이 업계의 가장 큰 어려움을 지금 겪고 있다고 해도 좋겠네요. 아직은 인공지능이 예측한 결과가 실험을 통해 검증된 사례가 없고 그 첫 번째 결과가 나오는 것도 앞으로 5~6년 이상은 걸릴 듯합니다. 그때까지는 아직 검증되지 않은, 그렇지만 왠지 기대가 되는 그런 기술일 것이기에 아직은 주류 신약개발 시장에 진입하여 협업을 이끌어내는 것이 가장 어려운 일인 듯합니다.

Q. 현재 새로운 시장이
어느 정도 형성되었다고 보시는지요?

아직은 초기라고 봅니다. 조금 더 나가면 이제 성장기의 초기 단계라고 봐도 될 것 같고… 실제로 글로벌 시장을 기준으로도 인공지능 신약개발의 플레이어는 200개 내외입니다. 사라지는 곳도 있고 성장하는 곳도 있을 텐데, 점점 새로운 스타트업은 적어지는 추세입니다. 대신에 기존 스타트업들이 기술적으로, 사업적으로 성숙해지고 있습니다.

또 아직 인공지능 기술을 활용한 성공적인 신약 개발은 성공 사례가 없다고 봐도 무방합니다. 그만큼 근거(evidence)가 중요한 신약/제약 분야에 있어서 인공지능이라는 새로운 기술이 실제 사례를 만들어내기 전까지 시장의 폭발적 성장은 시작되지 않을 것이라고 개인적으로 생각합니다. 제가 속한 디어젠 역시 다양한 제약업계 기업들과 공동연구를 하고 서비스 제공을 하면서 인공지능 기술이 잘 녹아들어 신약개발 기간을 단축시키고 성공적으로 약물 후보들을 발굴하는 사례들을 만들기 위해서 노력 중입니다.

Q. 앞으로 펼쳐질 새로운 시장의 모습은 어떻게 그리고 계시는지요?

약 10년 전 제약산업에서 CADD(Computer Aided Drug Design)라고 하는 3D시뮬레이션 툴을 활용한 신약물질의 설계 방법이 도입되어 현재까지 활용되고 있습니다. 물론 도입 초기였던 당시에도 기술에 대한 의문은 있었지만, 시간이 흐르고 해당 기술을 활용한 사례가 누적되며 지금은 일반적인 방법론처럼 사용되고 있습니다. 인공지능을 활용한 신약개발 방법론도 유사한 방식으로 시장에 안착하지 않을까 싶습니다. 초기에는 신기하니까 한번 사용해보다가, 성공적인 사례가 하나둘 나오면 시장의 신뢰를 얻어가며 주류 방법론으로 자리 잡을 수 있을 것이라고요.

그때가 되면 오히려 신약 개발이라는 미지의 영역에 도전하면서 인공지능 기술을 활용하지 않으면 안 된다는 인식이 시장에 자리 잡지 않을까 기대해봅니다. 데이터가 쌓이고 더 좋은 인공지능 알고리즘이 나타날수록 그 기술들은 부가적 (additional)인 기술에서 필수적(essential)인 기술로 변모하지 않을까 싶습니다.

Q. 판교에 진입하고 싶어하는 젊은이들에게 하고 싶은 이야기가 있으시다면?

힘내세요. 격변하는 세상 속에 해줄 수 있는 말이 더 없네요. 다만, 새로운 시장에 대한 도전만큼은 두려워하지 말아주세요. 저도 그렇지만, 지금 실패하더라도 이전의 커리어는 사라지지 않습니다. 새로운 시장에 대한 도전기간은 길어야 2~3년이고, 그 안에 성공적으로 안착하지 못한다면 너무 때가 이른 것이거나 안 될 시장이었던 겁니다. 그러니 또 다른 시장으로 가보시면 됩니다. 새로운 시장에 대한 도전을 조금 특이한 경력으로 넣어두시면 언젠가 빛을 발할 날이 오기도 할 것입니다. 그로부터 얻게 된 경험과 지식도 다음에 할 일에 자연스럽게 도움이 될 것이고요. 그러니 도전을 두려워 마세요. 지금하던 것과 완전히 다른 경력이 중간에 끼어 있다고 뭐라고 할 사람은 그 누구도 없습니다.

왜 AmazeVR에 주목했는가

'행복한 삶'을 누구나 바라지만 누구든지 누릴 수는 없는 듯합니다. 다양한 경험을 바탕으로 항상 '행복한 삶'을 고민하며 발걸음을 옮기고 계시는, 그래서 다음이 더 기대되는 선배들이 있습니다. IT의 본거지 미국에서 VR 콘서트라는 새로운 장르를 개척해 나가고 있는 분의 이야기를 들려드립니다.

넥스트 모바일에 대한 고민
: AmazeVR

이승준 AmazeVR 대표 (전 카카오 전략팀장)

Q. 컨설팅업체에서부터 카카오를 거쳐
미국에서 창업까지, 그 여정이 궁금해요.

　　　　　　　　서울과학고와 카이스트를 거치며 산업공학과
생명과학을 공부했습니다. 사회생활 초기에는 실제로 개발도
했고, 또 주변 친구나 선후배들 중 벤처로 가신 분들이 많다 보
니 벤처 생태계에 자연스럽게 관심을 가지게 되었어요. 무엇인
가 직접 구현하고 만드는 것에 관심이 많다 보니, A.T Kerny와
Bain&Company 등 컨설팅회사에 재직하던 시절에도 개인적
으로 팀을 꾸려 서비스를 개발하기도 했습니다. 회사에 다니며
작게 법인도 내봤지만, 아무래도 파트타임으로 한다는 것에는
한계가 있었습니다.

　그러던 중 당시 이제 막 메신저 서비스로 가파르게 성장하
고 있던 카카오에서 김범수 의장님 직속 전략팀장으로 합류하
게 되었습니다. 사실 당시만 해도 카카오게임을 기반으로 한
수익화가 이루어지기 전이었고, IT서비스회사가 크게 성장한
사례가 많지 않아 주변에서 반대도 많았습니다. 그럼에도 고민
끝에, 직접 서비스를 만들고 키워 나가는 것에서 재미를 느꼈
기에 합류 결정을 내렸습니다.

　카카오에서 신규 사업 제안, M&A검토 등을 주로 하며 전략
팀장으로 일했는데, 다음과의 합병 추진이 가장 기억에 남네요.
당시 IT회사의 합병으로는 조 단위 딜로 가장 큰 규모였기에,

그 일을 마무리한 후에는 정말 처음부터 새로운 사업을 만드는 일을 해보고 싶다는 생각이 컸습니다. 이미 커리어에서 여러 가지 일들을 경험한 후였고, 삶이라는 한정된 시간을 바라보았을 때, 활발하게 일할 수 있는 기간이 10~20년 정도밖에 남지 않았다는 생각이 들었거든요. 좀 더 개인적인 삶의 가치관과 비전을 가지고 몰입할 수 있는 일을 해보고 싶었던 거죠.

카카오 내에서도 잠시 신규사업을 추진하긴 했지만, 함께 일하던 이제범 카카오 공동창업자이자 전 대표님께서 미국에서 새롭게 사업해볼 것을 제안하셨고 정말 처음부터 시작하는 마음으로 무작정 미국행을 택했습니다. 컨설팅회사와 카카오를 거치며 했던 일들을 단순하게 생각해보면, 우리 삶 속에 있는 문제를 발견해 정의하고, 가설을 세우고, 솔루션을 빠르게 만들어 계속 수정하며 개선해 나가는 일이었으니 실리콘밸리에서도 똑같이 적용할 수 있을 듯했거든요.

Q. 처음 낡은 시장을 인지한 계기는 무엇인가요?

카카오의 경우 스마트폰이 등장하며 모바일 커뮤니케이션을 선점하며 성장했습니다. 스마트폰 이후 새롭게 등장할 하드웨어를 기반으로 글로벌한 플랫폼을 만들고 싶었어요. 그렇게 고민하다 보니, 기존에는 영화관 또는 각 가정마다 보유한 TV를 이용해 콘텐츠를 소비해왔지만 앞으로는 더 개인화된 디스플레이가 활성화되지 않을까 생각했어요. 아주 초기이긴 했지만 이미 미국에서는 VR/AR과 같은 새로운 디스플레이장치가 활성화되고 있었고요.

하드웨어 사양도 부족했고, 콘텐츠도 많지 않았지만 분명히 기술은 계속 발전할 것이고 스마트폰이 익숙해진 것처럼 VR 기기도 그렇게 되리라 생각했어요. 실제로 2015년 즈음 대비 2021년 현재는 애플/구글과 같은 기업에서도 VR에 대한 투자를 아끼지 않고 있고요. '실리콘밸리에서 B2C 서비스의 패러다임 시프트를 만들어낼 수 있는 사업을 하자!' 라는 생각으로 시작했습니다.

Q. 사업을 진행하면서
   가장 예상치 못한 문제는 무엇이었나요?
   어떻게 해결하셨지요?

개인적인 차원에서 회사에 소속되어 '신사업'을 하는 것과, 직접 '창업'을 해서 사업을 하는 것은 매우 달라요. 이전에는 '사업'만 생각하면 됐지만, 창업을 한 이상 좋은 인재를 영입해 팀을 꾸리고, 그들이 더 즐겁고 열정적으로 일할 수 있도록 독려하는 것도 창업자의 몫이거든요.

먼저, 처음에는 좋은 팀을 꾸리는 게 어려웠어요. 한국에서는 경험과 인적 네트워크가 풍부했지만 미국에서는 처음부터 다시 쌓아올려야 했습니다. 당시 카카오에서 함께 일했던 이제범 전 대표님 외 총 네 명이 함께 창업을 한 후, 처음 현지인 직원을 채용하기까지가 특히 어려웠어요. 이전에 함께 일했던 한국에 있던 동료들을 통해 알음알음 미국 현지 인력들을 소개받았고, 처음 한 명을 조인시킨 이후에는 또 그의 네트워크를 활용해 채용을 진행했는데 인맥도 그렇지만 언어, 문화 등 새롭게 느껴지는 부분이 참 많았던 것 같네요. 지금은 한국 오피스에서 언리얼 엔진 개발자, 영화 특수효과 쪽의 아티스트를 찾고 있는데 전문성이 다르다 보니 또 새롭게 느껴지기도 하고요.

그리고 사업적으로는 아무래도 VR이라는 새로운 하드웨어 매체를 이용한다는 점에서 여러 어려움이 있었어요. 초기에는 영화, 콘서트, 공연, 여행, 다큐멘터리 등 기타 다양한 장르의 실사 중심의 콘텐츠에 집중했는데, 촬영에 필요한 장비조차 시장에 확보되지 않아 영상물의 퀄리티를 높이기 위해 직접 만들거나 개선작업을 진행해야 했어요. 또 콘텐츠 플랫폼이라는 게 사용자와 제작자가 함께 공존해야 하는 양면플랫폼이다 보니 그 둘을 함께 유입하고 안착시키는 방법에 대해서도 고민을 많이 했고요. 사용자들을 위해서는 양질의 콘텐츠들을 제공해야 했고, 이러한 콘텐츠를 제작할 수 있는 제작자들을 위해서는 더 쉽게 콘텐츠를 제작할 수 있도록 하는 툴들을 만들어 제공하기도 했어요. 콘텐츠의 종류도 단순한 플레이 중심의 콘텐츠와, 게임 요소를 가미한 콘텐츠까지 다양하게 테스트해보고 있고요. 현재는 폭넓은 카테고리 내에서도 오프라인까지 확장할 수 있는 '콘서트' 영역에 집중해 새로운 시도를 진행 중입니다.

사실 모든 문제는 단순하게 보면 다 비슷하다고 생각해요. 사용자가 있고, 사용자의 문제나 니즈가 존재한다면 그것을 명확하게 정의해서 그에 맞는 솔루션으로서의 프로덕트를 제공하는 것, 그리고 다시 사용자의 반응에 맞추어 지속적으로 리뷰하며 개선하여 최적의 답을 찾아가는 과정이라고 생각해요.

Q. 현재 새로운 시장이 어느 정도
   형성되었다고 보시고, 앞으로 펼쳐질
   새로운 시장의 모습은
   어떻게 그리고 계시는지요?

전 세계 오프라인 콘서트 시장의 40~50퍼센트를 점유하고 있는 라이브네이션(Live Nation)의 기업가치는 20조5,000억(2021년 3월 23일 기준)에 달할 만큼 글로벌 콘서트 시장은 매우 커요. 제한적으로 제공되던 콘서트 경험을 우리는 이제 VR을 통해 더 많은 사람들이 편하고 저렴하게 가질 수 있도록 하는 첫발을 내딛고 있어요. 전 세계 영화관을 통해서 각국의 팬들이 이런 콘서트 경험을 즐길 수 있다면 좋겠죠. 더 나아가서 VR 헤드셋이 대중화가 된다면, 모두가 집안에서 언제든 자기가 좋아하는 아티스트나 음악 장르를 좋아하는 팬들과 함께 만나 요즘 이야기를 나누는 새로운 세계, 메타버스의 온라인 서비스를 만들 수 있을 것 같습니다. 이 '콘서트'라는 콘텐츠만으로도 글로벌한 시장이 형성될 수 있을 거라고 봐요. 물론, 이 콘서트라는 콘텐츠 외에도 계속해서 새로운 콘텐츠를 제공하여 언젠가는 VR을 기반으로 넷플릭스 같은 서비스를 제공하고 싶어요. 그만큼 VR기반의 콘텐츠 시장이 대중화되리라 믿고 있습니다.

Q. 판교에 진입하고 싶어하는 젊은이들에게 하고 싶은 이야기가 있으시다면?

사실 IT기술을 기반으로 새로운 시장을 만들어가고자 한다면, 경력이나 연차가 중요하지 않다고 생각해요. 미국의 경우 대학도 졸업하지 않은 어린 친구들이 창업해서 잘된 경우도 많으니까요. 그런 의미에서는 경험보다는 개인의 가치관과 비전, 그리고 열정과 몰입이 더 중요해 보여요. 그러니 하고 싶은 일을 하기를 바라요.

다만, 하고 싶은 일을 하기 위해서 본인이 맡고 싶은 역할을 고민해보는 것은 매우 중요합니다. 창업을 할 수도 있고, 창업팀에서 특정한 역할을 맡아 할 수도 있을 테니까요. 초기 조직에서는 각 개인의 역할이 모두 중요하고, 모두가 기획에 대한 생각을 해야 합니다. 기획이란 서비스를 만드는 일이고, 가치 (value)를 만드는 일이니까요. 창업자가 된다고 해서, 혹은 팀원이 된다고 해서 우리가 하는 일에 대한 고민을 더 하거나 덜 하지는 않아요. 다만, 고민의 관점이 달라지는 거죠. 창업자의 관점에서, 기획자나 개발자의 관점에서, 사용자에게 최적의 UX를 제공하는 디자이너의 관점에서 각기 다른 고민을 하게 되는 거죠.

행복하게 삽시다! 꼭 창업을 할 필요가 있는 것도 아니고, 꼭 창업팀에 소속될 필요도 없어요. 다만, 무엇인가 몰입하고 재미있게 할 수 있는 일을 찾으세요. 그리고 그 일을 잘하려면 스스로 기획적인 고민들을 할 수밖에 없을 거예요. 내가 하는 일의 최종 고객은 누구인지, 그들이 가지고 있는 문제나 니즈는 어떤 것인지, 그리고 이를 어떻게 잘 해결할 수 있을지에 대해서 말입니다. 그래야 하는 일로부터 보람도 느낄 수 있고, 이 세상에 기여하고 있다는 것도 느낄 수 있을 테니까요.

감사의 말

　　　　　직장생활 10년차, 어떻게 보면 일과 삶에 방황
기가 온 시점에 이 책을 시작하게 되었습니다. 작은 책을 채우
는 데도 정말로 많은 분들의 도움을 받았습니다.

　가장 먼저 이 책의 처음부터 끝까지 함께해준 멀리깊이 박
지혜 대표님, 방향성과 내용에 대해 일체의 강요없이 제 생각
과 경험을 이끌어낼 수 있도록 도움을 주셔서 감사드립니다.

　생생한 경험을 통해 얻은 인사이트를 아낌없이 나누어주신
당근마켓 박선영 님, 콴다 이정민 님, 마이크로프로텍트 박지수
님, 디어젠 백보람 님, 그리고 항상 바쁘신 중에도 긍정적인 에
너지로 힘을 주시는 AmazeVR 이승준 대표님께 감사드립니다.

　바쁘신 중에도 원고를 보시고 따끔한 조언과 따뜻한 응원을

해주신 카이스트 경영대학원 한인구 교수님, 항상 새로운 아이디어로 자극을 주시는 전국빨간차연합회 회장 임홍택 님, 카카오 시절부터 필요한 시점에 적확한 조언을 주셨던 든든한 멘토 김홍익 님, 항상 객관적인 시선으로 새로운 관점을 제시해주시는 이보경 님, 미국과 한국의 IT업계를 모두 경험하고 폭넓은 시각으로 바라봐주신 천인우 님 감사합니다.

항상 가장 가까운 곳에서 든든한 기둥이 되어주는 아가토와 가족들에게 사랑과 감사의 인사를 담아 이 책을 바칩니다.

2021년 이윤주 데보라